바다를 달리다,
기후 파수꾼!

더 나은 미래, 과학 Pick! ⑥

바다를 달리다, 기후 파수꾼!

글 보리스 헤르만, 비르테 로렌젠-헤르만 | 그림 라라 파울루센 | 옮김 유영미

펴낸날 2024년 4월 8일
펴낸이 김주한 | 책임편집 조연진 | 책임마케팅 김민석 | 책임홍보 옥정연 | 디자인 진보라
펴낸곳 픽 | 출판등록 제406-251002015000039호
제조국 대한민국 | 사용연령 8세 이상
주소 (10881) 경기도 파주시 회동길 471(문발동) 몽스패밀리Bd. 301호, 302호

ISBN 979-11-92182-92-6 74400
ISBN 979-11-87903-53-6 74080(세트)

이 책을 무단 복사, 복제, 전재하는 것은 저작권법에 저촉됩니다.

Peak을 향한 Pick _ **픽**은 〈잇츠북〉의 교양서 브랜드입니다.

기후 보호를 위해 항해를 떠나요

바다를 달리다, 기후 파수꾼!

글 보리스 헤르만, 비르테 로렌젠-헤르만
그림 라라 파울루센 | 옮김 유영미

픽

차례

요트를 타고 탐험을 떠나요

요트를 타고 세계 일주를……14

경주용 요트 말리지아-시익스플로러……16

요트 위에서 생활하기……18

바다에서 만나는 어려움들……22

꿈을 활짝 펼쳐요!……24

항해를 함께하는 동물 친구들……28

바다의 플라스틱……30

바다를 연구하고 기후 변화를 이해하기

연구하는 친구들……34

해양 관측 장비들……38

해양 데이터 수집하기……40

바다와 기후 변화……42

지구에 열이 나요……44

온실가스와 온실 효과……46

이산화탄소는 언제 생겨나나요?
　　　　　　　어디로 퍼질까요?……48

우리는 기후 탐정……50

알베도 효과와 영구 동토층……54

해양 산성화……56

위험에 처한 바다 동물들……58

남획되는 물고기들……60

너무 많은 생선이 식탁에 오르고 있지 않나요?……62

째깍째깍 기후 시계……64

기후 변화의 결과……66

함께 힘을 모아 해결해요!……68

새로운 해결책들

참여할 준비가 되었나요?……74

기후를 위한 노력……76

무엇을 할 수 있을까요?……80

물건을 살 때 할 수 있는 일……82

기후 위기에 대항하는 비밀 무기……84

거대한 기후 운동가 고래……86

산호초 구하기……88

텅 빈 바다? NO, 아니에요! ……90
물속에 UFO가? ……92
에너지도 바꿔요! ……94
바람의 힘으로 ……96
기후 및 환경 보호에 도움이 되는 직업들 ……98
함께하면 더욱 강해져요! ……102

저자 소개 ……104

항해와 과학의 만남!

요트를 타고 탐험을 떠나요

함께 바다에 대한 궁금증을 풀어 보자!

바다에서도 기후 변화의 영향을 느낄 수 있을까?

자유롭게!

바람의 힘으로만

환경친화적인 여행

시간을 다투는 경주

기후 변화 위기의 해결책을 찾기 위한 항해이자 도전

We Must W

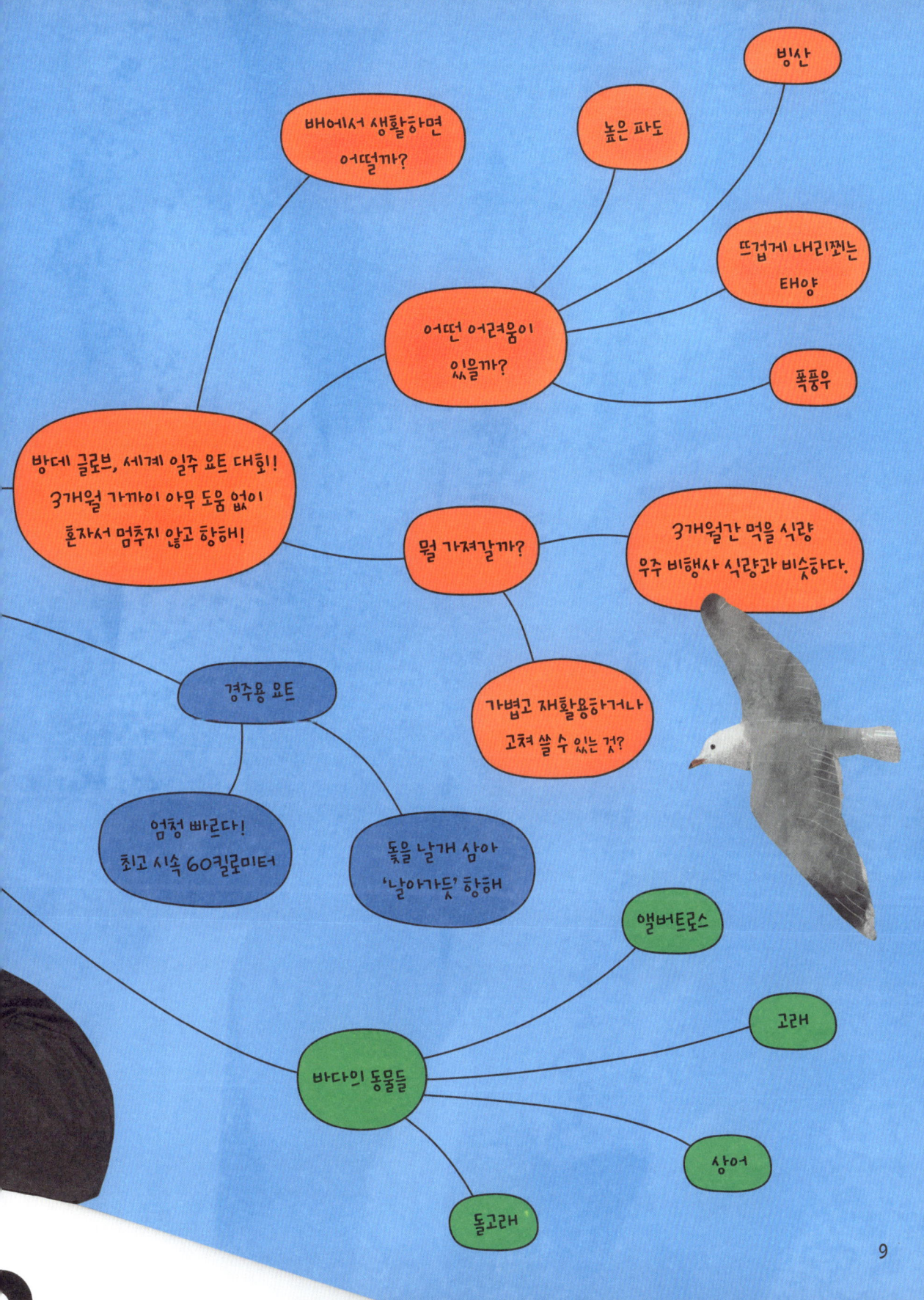

진심으로 환영해요!

나는 요트를 타고 세계 일주를 하고 있어요. 요트 경주에 참가했거든요. 이건 기후 보호를 위한 항해이기도 하지요. 늘 이런 항해를 꿈꾸어 왔답니다.

우리는 시간을 다투는 경주에 참가하고 있지만, 이 여행에는 경주에서 우승하는 것만큼이나 중요한 또 다른 목적이 있어요. 바로 기후 변화의 해결책을 찾는 거예요. 우리의 흥미로운 탐험에 여러분을 초대할게요.

배 위에서 어떻게 드넓은 바다를 연구할까요? 바다에 무엇이 필요할까요? 어떻게 바다를 보호하고 기후 변화를 막을 수 있을까요? 우리가 힘을 합쳐 뭔가를 할 수 있기를 바라요. 여러분도 함께해 주세요. 우리는 모두 같은 배를 타고 있으니까요.

말리지아 팀과 함께
보리스 선장

어서 와요. 요트를 타고
항해하면서 바다를
연구합시다!

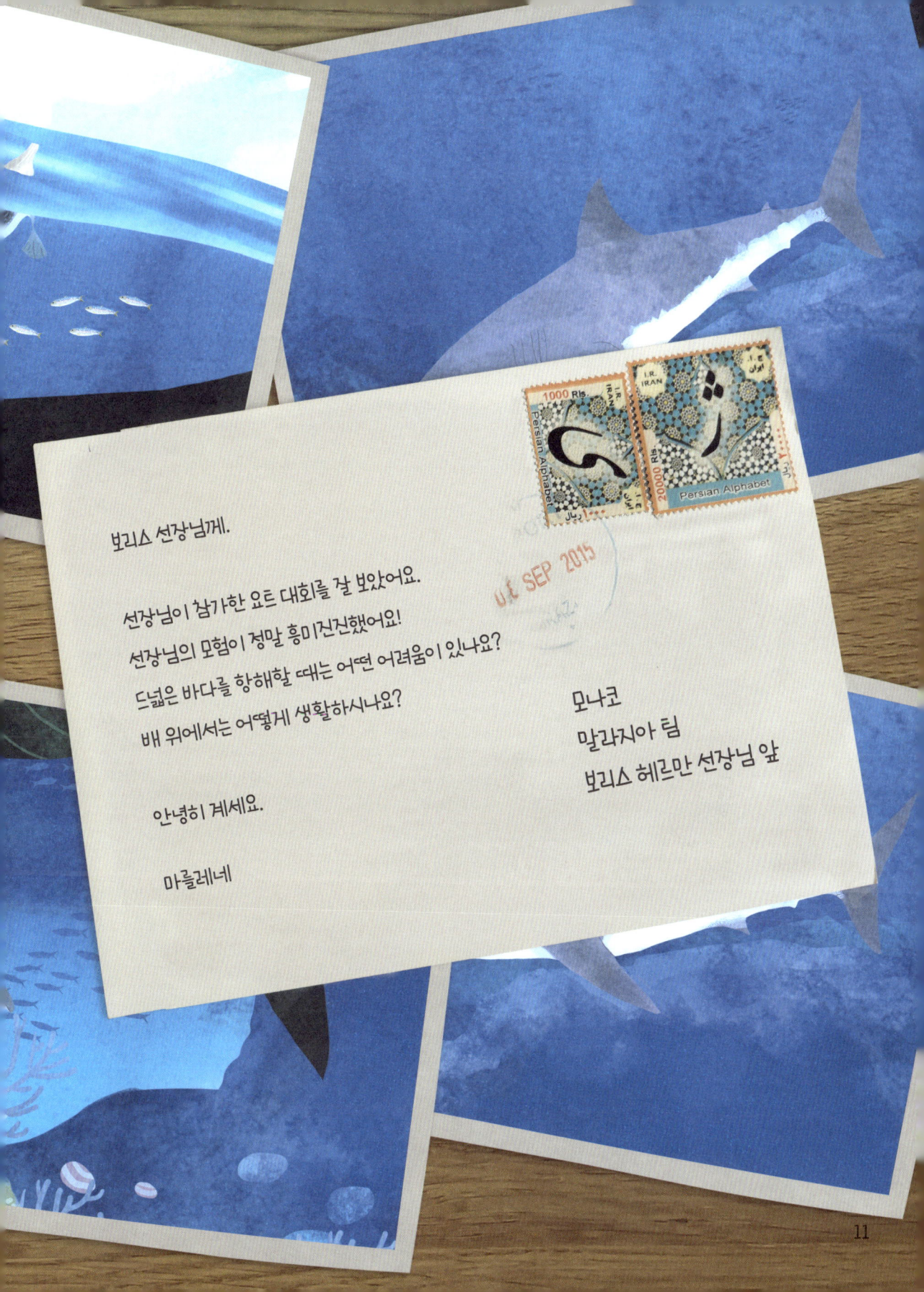

보리스 선장님께.

선장님이 참가한 요트 대회를 잘 보았어요.
선장님의 모험이 정말 흥미진진했어요!
드넓은 바다를 항해할 때는 어떤 어려움이 있나요?
배 위에서는 어떻게 생활하시나요?

모나코
말라지아 팀
보리스 헤르만 선장님 앞

안녕히 계세요.

마를레네

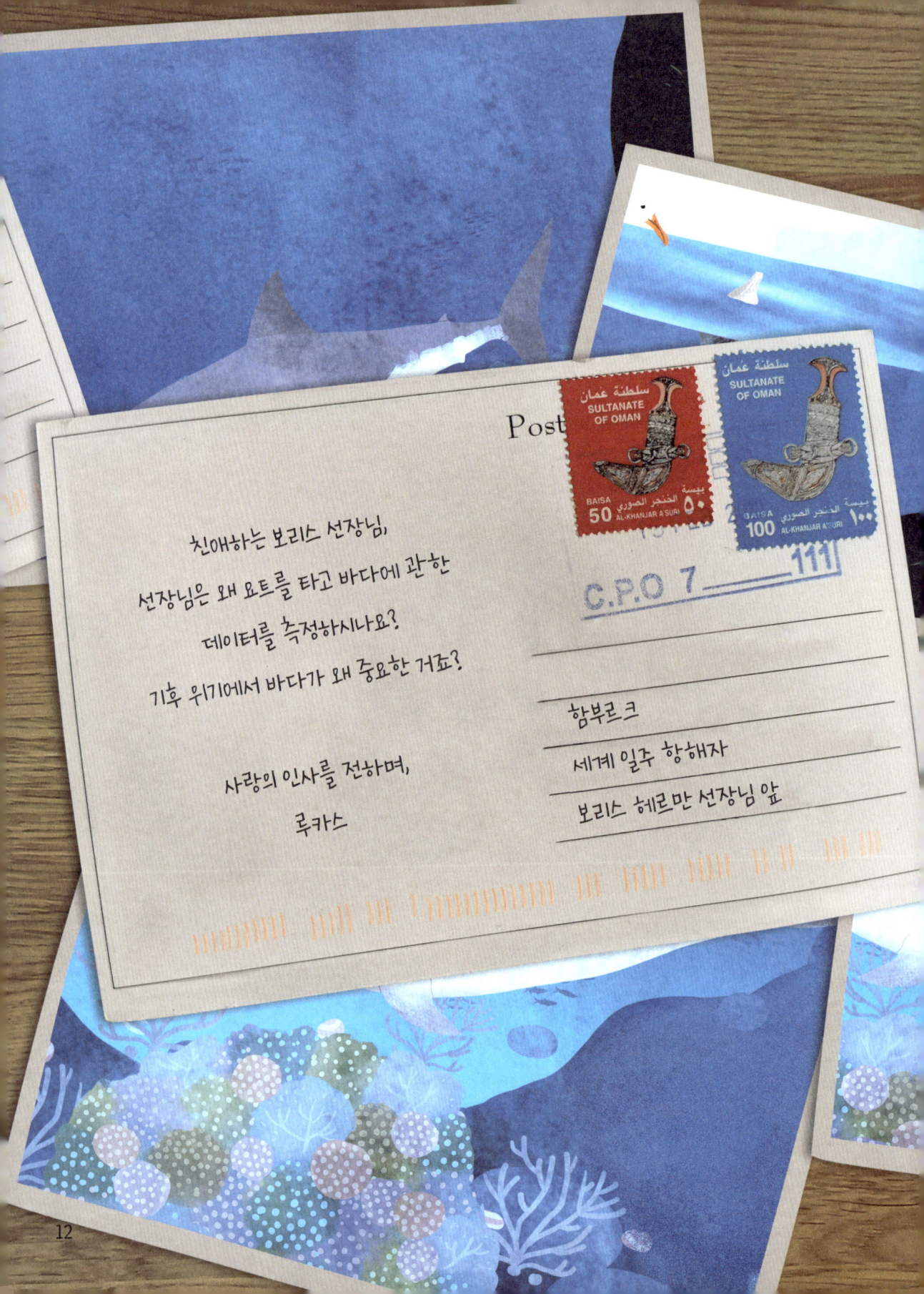

친애하는 보리스 선장님,
선장님은 왜 요트를 타고 바다에 관한
데이터를 측정하시나요?
기후 위기에서 바다가 왜 중요한 거죠?

사랑의 인사를 전하며,
루카스

함부르크
세계 일주 항해자
보리스 헤르만 선장님 앞

선장님은 잠수를 해 보셨나요?
산호에 대해 많이 알고 계세요?
산호를 어떻게 보호할 수 있는지도 아시나요?
저는 그레이트 배리어 리프에서 잠수를
해 보았어요.
물속에서
그곳 아래서

리프

언제나

함부르크
말리지아 팀
보리스 헤르만 선장님 앞

보리스 선장님,
바다를 건강하게 만들려면 무엇을 해야
할까요?
우리도 도울 수 있나요?
기후 변화를 막으려면 어떻게 해야 하죠?
궁금해요. 답변 기대할게요!

안토니아

모험가
보리스 헤르만 선장님 앞

요트를 타고 세계 일주를

보리스 선장은 요트를 타고 여러 경주 대회에 참가해요. 방데 글로브(Vendée Globe)나 오션 레이스(The Ocean Race) 같은 대회에 참가하여 세계 일주 항해를 하기도 한답니다.

적도 무풍대

포인트 네모(포인트 니모)

노호하는 40도대

포인트 네모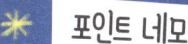

포인트 네모는 지구상의 그 어떤 땅에서도 가장 멀리 떨어져 있는 바다 위의 지점이에요. 자그마치 408킬로미터 상공에서 지구를 도는 국제 우주 정류장(ISS)보다도 더 멀리 떨어져 있어요. 쥘 베른이 쓴 공상 과학 소설 《해저 2만 리》에 나오는 선장의 이름을 따 왔다고 해요.

노호하는 40도대

험한 풍랑이 이는 남위 40~50도대 해역이에요. 남위는 적도를 0도로 하여 90도인 남극까지 평행하게 그은 선을 말해요.

적도 무풍대

보통 바람이 아주 약하지만, 예기치 않은 돌풍이나 호우, 뇌우가 나타나서 요트 경기자가 힘들게 통과하는 영역이에요.

오션 레이스 :
중간 기착지에서 쉬면서 세계 일주를 하는 대회

방데 글로브 :
쉬지 않고 단번에 세계 일주를 하는 대회

경주용 요트
말리지아-시익스플로러

말리지아-시익스플로러(Malizia-Seaexplorer)는 속력이 굉장히 빠른 경주용 요트예요. 수중 날개를 이용해 거의 날다시피 바다를 가로질러요. 돛이 비행기의 날개처럼 요트가 물 위에서 엄청난 속도로 달릴 수 있게 해 주어요. 이 요트는 '탄소 섬유'라는 물질로 만들어요. 덕분에 가벼우면서도 안정감이 있어요. 여러 디자이너와 엔지니어가 고심해서 만들지요. 방데 글로브 경주에 참여하는 요트 선수들은 이런 종류의 초스피드 요트를 타고 세계를 일주해요. 이 요트 한 대를 만들기 위해서는 총 4만 2천 시간이 걸린다고 해요.

이름
말리지아-시익스플로러

길이
약 18.3미터 - 자동차 5대를 이어 놓은 길이

무게
8,000킬로그램 - 커다란 백상어 8마리를 합한 무게

돛대 높이

27미터 -
이층 버스 6대를 쌓은 높이

가장 큰 돛

400제곱미터 -
농구장 넓이와 맞먹는 크기

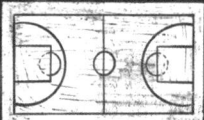

최고 속도

35노트(시속 65킬로미터) -
표범만큼 빠른 속도

배의 중심축 무게

3,000 킬로그램 -
코뿔소 2마리 정도에 해당하는 무게

요트 위에서 생활하기

요트 '말리지아호'에서의 생활은 우주 비행선에서 생활하는 것과 비슷해요. 세계적인 요트 대회를 준비하는 일도 우주에서의 임무 수행을 준비하는 것과 비슷하답니다.

컴퓨터 작업

요트 안에는 작은 사무실이 마련되어 있어요. 이곳에서 위성 전화로 통화를 하거나 이메일을 보낼 수 있지요. 날씨 데이터를 받으며, 항로도 찾아요.

데이터 측정

말리지아호에는 실험실도 설치되어 있어요. 기후 변화에 대한 정보를 더 많이 얻기 위해서 이곳을 통해 이산화탄소 농도 같은 해양 데이터를 측정해요.

외부와의 접촉

요트에서의 모든 정보, 측정 자료, 사진 등은 위성을 통해 외부로 전송돼요. 말리지아호를 타고 어떤 모험을 하고 있는지, 어떤 기후 변화의 영향을 관찰했는지 실시간으로 보고한답니다.

옷

남극 지방을 항해하든, 열대 지방을 항해하든 요트 선수들에게는 더위, 추위, 혹은 습기 등 열악한 기상 조건에서 몸을 보호해 줄 수 있는 특수한 의류가 필요해요. 방수 기능이 있고, 물에 가라앉지 않는 특수복을 입으면 꼭 우주 비행사처럼 보여요.

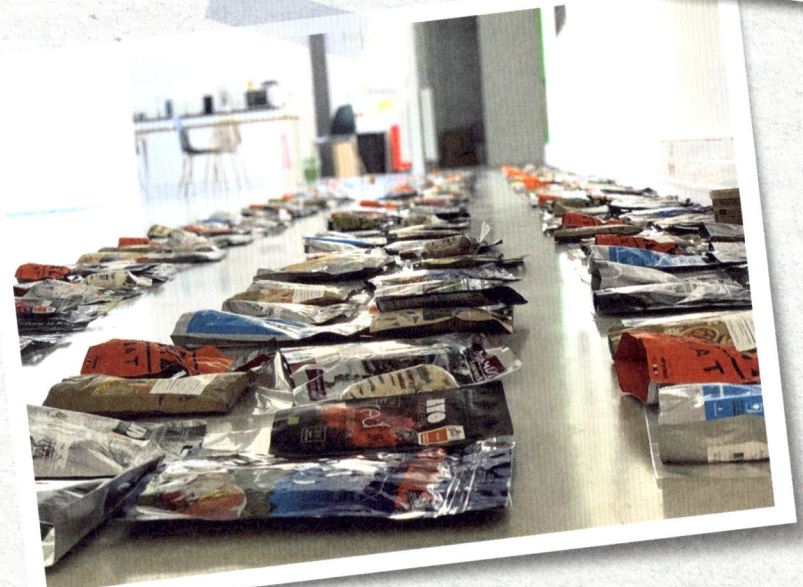

식량

긴 항해를 하려면 영양 섭취에도 세심하게 신경을 써야 해요. 매일의 먹거리를 정확히 가늠해서 미리 준비해 놓아야 하지요. 요트에서는 동결 건조한 분말 식품인 '우주 식량'에 물을 부어서 먹어요. 식수는 바닷물을 염분이 없는 담수로 만들어 해결해요. 이렇게 하면 물을 따로 싣지 않아도 되어서 무게를 줄일 수 있어요.

수면

잠을 잘 때는 도르래를 이용해 침대를 배 안쪽의 벽에 가까이 붙여요. 그래야 자다가 떨어질 염려가 없어요. 혼자 항해를 하면 한 번에 최대 60분 동안만 잘 수 있어요. 매시간 요트가 올바른 위치에 있는지 점검해야 하니까요. 잠을 자고 있을 때는 컴퓨터(자동 조종 장치)가 대신해서 요트가 올바른 방향으로 나아가도록 해 주지요.

깨알 지식

배는 어떻게 물에 뜰 수 있을까?

직접 실험해 봐요! 물을 가득 채운 커다란 그릇과 점토를 준비하고는, 점토로 납작하고 오목한 접시 모양을 만들어 물 위에 띄워 봐요. 점토 접시가 물에 뜰 거예요!

고대 그리스의 수학자 아르키메데스는 기원전 300년 전에 이미 배가 물에 뜨는 이유를 알아냈어요. 이 실험에서 점토 접시를 물에 띄웠을 때 접시가 가라앉지 않는 이유는, 접시의 무게가 접시 때문에 밀려난 물의 무게보다 가볍기 때문이에요.

바다에서 만나는 어려움들

깊은 바다 위를 요트로 항해하는 건 쉽지 않아요. 많은 어려움이 따르지요. 드넓은 바다를 가로지르려면 자연의 위력에 맞서야 해요. 용기와 인내가 필요한 일이에요.

폭풍우

바다에서는 바람의 세기가 시속 100킬로미터에 육박할 때도 있어요. 이처럼 거센 바람이 휘몰아치면 바다엔 거대한 파도가 일어요. 그러면 요트 경주가 매우 힘들어지는 것은 물론, 때로는 선수들의 생명도 위험해져요.

추위

바다 위에서는 추위도 견뎌야 해요! 엄청나게 추운 지역을 요트에 난방이 되지 않는 상태로 지나간다고 상상해 보세요. 생각만 해도 몸이 덜덜덜 떨려요. 다행히 요즘에는 방한 효과가 뛰어난 기능성 의류가 있어 한결 추위를 막아 주어요.

빙산

얼어 있는 바다의 얼음 경계를 따라 항해할 때는 빙산이나 물에 떠 있는 얼음 덩어리와 부딪히지 않도록 굉장히 조심해야 한답니다. 위성 사진과 레이더, 그리고 육안으로도 잘 살펴 충돌을 피해야 해요.

태양

열대 지방에서는 햇빛이 너무 강해서 화상을 입을 수도 있어요. 옷으로 몸을 잘 감싸야 하는데, 그러다 보니 땀을 무척 많이 흘리기도 해요.

거대한 파도

어떤 바다에서는 높이가 12미터에 이르는 어마어마한 파도를 만날 수도 있어요. 4층 건물 정도 되는 높이지요.

해적

놀랍게도 항해를 하다 보면 해적을 만날 수도 있어요. 이는 매우 위험한 일이에요. 그래서 해적이 출몰하는 지역을 지나가지 않도록 요트 경주 경로를 바꾸거나, 보안 업체의 경호를 받아야 하는 경우도 있었답니다.

멀리 떨어진 거리

특히 남반구의 바다에서는 어떤 도움도 기대할 수 없을 만큼 육지와 멀리 떨어져 있게 돼요. 앞서 나온 포인트 네모는 육지에서 2,688킬로미터나 떨어진 곳이에요.

꿈을 활짝 펼쳐요!

방데 글로브 요트 대회

* 다음 출전 : 2024년
* 1989년부터 4년마다 한 번씩 열린다.
* 논스톱 세계 일주
* 프랑스에서 출발해 프랑스로 돌아온다.
* 오롯이 나 홀로 하는 1인승 요트 경기
* 외부의 도움 없이 진행된다.
* 기간 : 약 3개월(최단 기록 : 74일)
* 보리스는 2020년과 2021년 방데 글로브를 80일 만에 완주했다.

요트를 타고 세계 일주를 하는 꿈

여러분은 꿈이 있나요? 미래에 어떤 특별한 일을 이루고 싶은가요? 나는 어린 시절부터 '방데 글로브'라는 아주 특별한 요트 경주 대회에 참여하기를 꿈꾸었어요. 방데 글로브는 밤낮을 가리지 않고 계속 나아가, 남극을 돌아 다시 출발점으로 돌아오는 요트 대회예요. 오로지 혼자서 항해를 해야 하고, 외부의 도움을 받는 것은 금지되어 있답니다. 정말 어려운 도전이에요. 요트 선수들은 이 대회를 '바다의 에베레스트'라고 불러요.

에베레스트산을 오른 사람은 1만 명이 넘어요. 우주여행을 해 본 사람도 500명이 넘고요. 하지만 홀로 쉬지 않고 요트를 타고 세계 일주를 한 사람은 100명도 채 되지 않아요. 나는 그들 중 한 사람이에요. 방데 글로브를 80일 만에 완주해 냈지요.

이 꿈을 이루기 위해 20년 넘게 노력했어요. 방데 글로브를 준비하려고 오션 레이스를 비롯한 요트 대회에 참여하여 여러 번 세계 일주를 했고, 세계 기록도 여러 번 세웠어요. 하지만 방데 글로브는 정말 특별한 도전이었답니다. 다음 번 방데 글로브 대회에도 참가하고 싶어요.

이 대회에서는 이기는 것만 중요한 게 아니에요. 항해가 순조롭게 진행되지 않더라도 앞으로 비슷한 상황에 처해 어떻게 대처할지를 배울 수 있지요. 항해할 때는 강풍이 불어도 침착함을 잃지 않아야 해요. 불안과 두려움, 또 지독한 외로움도 견디어 내야 하지요. 땅에서 가장 멀리 떨어진 구역을 지날 때면 이곳이 우주 정거장보다 땅에서 더 멀다는 걸 실감하게 돼요. 하지만 내 안에는 엄청난 모험심이 숨어 있어요. 나는 바다 한가운데를 항해하며, 자연의 위력을 생생하게 느끼는 걸 좋아해요. 이런 매력이 매번 나를 모험으로 이끌지요. 그리고 내게는 중요한 임무가 있어요. 기후 변화에 대한 관심을 불러일으키고, 중요한 해양 자료를 수집해서 기후 연구에 도움을 주는 일이랍니다.

여러분은 어떤 믿음이 있나요? 어디로 가고 싶은가요?
여러분에겐 무엇이 중요한가요?

청소년 시절 이런 꿈을 가진 나를 많은 어른이 이해하지 못했어요. 곧잘 '어떻게 그런 꿈을 이루려 한단 말이지?' 하고 터무니없다는 듯한 표정을 지었어요. 꿈을 이루는 과정에서 장애물도 여럿이었어요. 어려운 일이 많았고 실망스러운 일도 겪었지요. 하지만 그러면서 뜻이 있는 곳에는 반드시 길이 있다는 사실을 배웠어요. 여러분의 꿈을 믿고, 어른들의 말에 너무 휘둘리지 말기를 바라요. 꿈을 포기하는 것보다 더 큰 위험은 없으니까요.

여러분의 보리스가

오션 레이스

* 출전 : 2023년
* 1973년부터 4년마다 한 번씩 열린다.
* 전 세계를 몇 구간으로 나누어 항해한다.
* 스페인 알리칸테에서 출발한다.
* 중간 기착지 : 알리칸테, 카보베르데 공화국, 남아프리카 공화국 케이프타운, 브라질 이타자이, 영국 뉴포트, 덴마크 오르후스, 독일 킬, 네덜란드 헤이그, 이탈리아 제노바
* 5명이 팀을 이루어 항해한다.
* 기간 : 약 6개월

항해를 함께하는 동물 친구들

앨버트로스

충성스런 동반자

가장 큰 바닷새 *서식지 : 남반구 *에너지를 쓰지 않고 상승 기류를 타며 쉽게 이동하려고 말리지아호 근처를 날아다니곤 해요. *날개 길이 : 최대 3.5미터(교실 책상 3개를 붙여 놓은 정도의 길이) *한번 짝짓기를 한 암수가 헤어지지 않고 평생을 같이해요. *폭풍우 속에서도 힘차게 활공하며, 굉장히 먼 거리를 비행할 수 있어요. *수영을 잘해요.(발가락 사이에 물갈퀴가 있답니다.)

돌고래

지능이 높은 놀이 친구

말리지아호와 곧잘 동행해요. *요트 가까이에서 파도를 타며 놀아요. *물고기가 아니고 포유류예요. *뇌가 크고, 머리가 상당히 좋아요. *청각과 후각이 뛰어나요. *초음파로 사물을 분간할 수 있어 30미터 거리에서 아주 작은 것도 선명하게 '볼' 수 있어요. *소리나 초음파를 내서 돌아오는 메아리 신호를 함께 듣고, 동료들이 무엇을 보는지를 알아요. *크게 소리를 질러 새끼를 교육하거나 상어를 몰아내요. *과학자들은 돌고래의 언어를 해독하여 돌고래와 의사소통을 하려고 노력하고 있어요.

고래

바다의 거인

거대한 꼬리지느러미나 분수가 보이면, 고래가 나타났다는 뜻이에요. *가장 큰 고래는 대왕고래(흰긴수염고래)로 몸길이가 최장 33미터(차 8대를 붙여 놓은 정도)에 달해요. *이빨 대신 수염이 있어요. 판처럼 생긴 독특한 뿔 재질의 구조가 있어 먹이인 플랑크톤(크릴새우)과 작은 물고기들을 걸러 주어요. *대왕고래는 하루에 1톤 정도를 먹어요. *숨을 내쉴 때 물을 뿜는데, 최대 10미터(자동차 약 2~3대를 붙여 놓은 높이)까지 올라가요. *고래가 한번 내쉬는 공기는 풍선 2,000개를 족히 불 수 있는 양이에요!

크릴새우(크릴): 매우 작은 갑각류로 보통 무리를 지어 이동해요.

플랑크톤: 작은 물속 생물로, 물결을 타고 떠다녀요. 식물성과 동물성이 있는데, 크릴새우는 동물성이에요.

상어

숨은 그림자

말리지아호에서 상어를 보는 경우는 극히 드물어요. *상어는 공룡보다도 오래전부터 지구에 살았어요. 지구에서 살아온 지 거의 1억 년이 넘었답니다. *상어의 공격을 받는 사람은 매년 10~50명이에요. *매년 약 1억 마리의 상어가 인간에 의해 목숨을 잃어요. *많은 상어 종이 멸종 위기에 처해 있어요. *가장 몸집이 큰 고래상어는 몸길이가 최대 14미터에 달해요. *가장 빠른 청상아리는 시속 70킬로미터로 이동할 수 있어요. *이빨이 빠지면 몇 시간 지나지 않아 새 이빨이 자라요. *줄무늬 덕분에 '호랑이 상어'라고도 불리는 뱀상어는 10년 동안 이빨이 무려 1,400개나 빠지고 새로 나요. *상어는 650미터나 떨어진 곳에서도 물고기가 헤엄치는 소리를 듣고 20~40초 만에 물고기가 있는 곳에 나타나요!

바다의 플라스틱

플라스틱 쓰레기는 보통 강을 통해 바다로 들어와요. 식물과 동물, 인간도 플라스틱의 영향을 받아요. 많은 해양 생물이 플라스틱을 먹이로 착각해 먹기도 하고, 플라스틱 쓰레기 안에서 질식하거나 플라스틱으로 덮여 죽는 경우가 늘고 있어요. 그런데도 1분마다 평균 트럭 1대 분량의 플라스틱 쓰레기가 바다로 들어오며, 일부는 바다 밑바닥으로 가라앉아요. 플라스틱 병 하나가 바다에서 완전히 분해되기까지는 약 500년이 걸린다고 해요.

인간이 생산한 플라스틱은 우리 접시 위로 올라와요. 미세 플라스틱이 들어 있는 생선을 우리가 먹어서 몸속으로 미세 플라스틱이 들어오면 건강에 좋을 리가 없겠지요?

미세 플라스틱

바다의 플라스틱이 햇빛을 받고 파도에 떠밀려 다니다 보면 우리 눈에 더 이상 보이지 않을 만큼 작은 조각으로 쪼개져요. 이런 플라스틱 입자들을 '미세 플라스틱'이라고 해요. 물고기가 물속에 무수히 많이 떠다니는 미세 플라스틱을 먹고, 많은 바다 동물이 다시 이 물고기를 먹어요. 물고기와 고래의 먹이인 동물성 플랑크톤도 미세 플라스틱을 먹지요. 미세 플라스틱은 이런 과정을 통해 먹이 사슬 안으로 들어와요.

해안가로 밀려와서 죽은 고래의 배 속에서 플라스틱 쓰레기가 발견되는 일이 늘고 있어요. 쓰레기가 먹이인 줄 알고 먹어 버려서예요. 어느 향유고래에게서는 컵 115개, 비닐봉지 25개, 슬리퍼 2개, 그리고 플라스틱 조각이 무려 1,000개 이상 나왔어요. 세상에, 이걸 다 먹은 거예요.

플라스틱 소용돌이

몇몇 해류 사이에서는 몇백 킬로미터에 달하는 거대한 쓰레기 소용돌이가 떠다녀요. 소용돌이 안에는 엄청난 양의 플라스틱 쓰레기가 포함되어 있고, 이는 점점 더 불어나고 있어요. 특히 하와이와 북아메리카 사이에는 아주 커다란 쓰레기 소용돌이가 있지요. 바다에서 플라스틱을 없애기 위해 현재 많은 방법이 고안되고 있어요. 플라스틱이 강에서 바다로 들어가지 않게 하려는 노력도 한답니다. 어떻게 하면 플라스틱 쓰레기를 줄일 수 있는지는 83쪽을 참고하세요.

바다를 연구하고 기후 변화를 이해하기

- 요트를 타고 머나먼 곳으로 가요.
- 바다에 측정 장비를 설치해요.
- 연구에 도움이 되는 자료를 수집해요.

온실 효과
- 인간은 너무 많은 이산화탄소를 만들어 내요.
- 지구에 열이 나요.
- 바닷물이 따뜻해지고 산성화돼요.

- 기상 이변이 늘어요.
- 산호가 하얗게 변하면서 죽어요.
- 해양 생물들이 위험에 처해요.
- 해양 생태계가 무너져요.
- 영구 동토층이 녹으면서 온실가스가 나와요.
- 얼음이 녹아서 해수면이 상승해요.
- 지구 환경의 균형이 깨져요.

연구하는 친구들

기후가 변화하면 어떤 일이 일어날까요?
바다는 어떤 역할을 할까요? 과학만이 이 질문에
답할 수 있어요. 보리스는 항해를 하면서 말리지아
팀 연구자들과 협력해 기후 변화와 관련된 중요한
질문에 함께 답을 찾아가고 있어요. 먼 바다로
나아가 해양 데이터를 수집하고 있지요.
이 귀중한 데이터들은 과학 연구에
큰 도움이 된답니다.

내 이름은 마르틴 크람프예요. 유엔(UN, 국제 연합)에서 일하고 있어요. 해양 자료를 수집하는 데 도움을 주는 배들을 관리하고 과학자들과 연결해 주는 코디네이터로 일해요. 배들이 수집한 데이터는 일기예보와 장기적인 기후 변화 연구에 활용돼요. 우리는 데이터를 측정할 수 있는 전 세계의 모든 연구 선박, 화물선, 요트와 협력한답니다. 이런 배들은 선상에 설치된 장비를 이용하거나, 별도의 측정 장치를 중요한 장소에 설치해서 데이터를 수집해요. 많은 연구 데이터들을 모아 퍼즐처럼 맞추는 것이 우리의 목표예요.

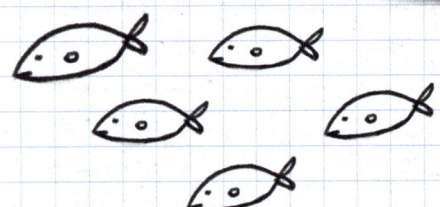

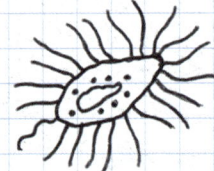

나는 페터 란트쉬처예요. 독일 함부르크에 소재한 막스 플랑크 기상 연구소에서 해양학자로 일하고 있어요. 전문 분야는 '해양 생지화학'이에요. 모든 지구의 구성원이 서로 물질과 에너지를 교환하는 것을 총체적으로 이해하려는 학문이에요. 해양에서 물질이 어떻게 순환하는지를 연구하지요. 바다에 흡수되는 온실가스의 측정 데이터를 분석하고, 기후 변화로 인해 바다가 어떻게 변화하고 있는지, 이러한 변화가 해양 생물에게 어떤 영향을 미치는지를 알아보고 있어요.

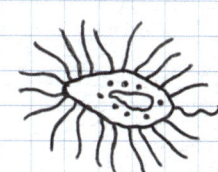

깨알 지식

해양학 : 해양에서 일어나는 여러 현상을 연구하는 학문. 해양 물리학, 해양 지질학, 해양 화학, 수산학 등이 있다.

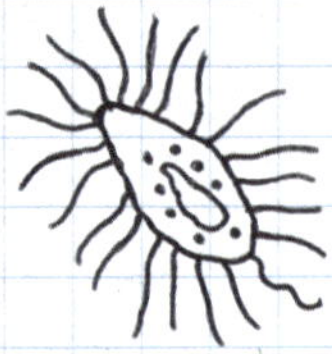

내 이름은 랄프 브라우너예요. 야데 대학교 교수로 기상학자예요. 나는 남극과 북극을 여러 번 탐험했어요. 그곳에서 날씨나 기후와 관련된 데이터를 살펴보고, 기상 예보도 했지요. 내 전문 분야는 해양 교통 물류학이에요. 가능한 한 환경을 파괴하지 않으면서 해양 교통을 활용하는 방법을 연구하고 있어요. 가령 온실가스인 이산화탄소를 배기가스에서 어떻게 제거할 수 있을지, 어떻게 온실가스를 배출하지 않는 기후 중립적인 연료를 사용할 수 있을지에 관심을 가지고 있답니다.

이산화탄소가 무엇일까?

이산화탄소(CO_2)는 눈에 보이지 않고 냄새도 없는 기체예요. CO_2의 C는 탄소(Carbon)를 뜻해요. O는 산소(Oxygen)를 뜻하고요. 이산화탄소는 탄소와 산소로 구성된 화합물로서, 대기를 이루는 중요한 구성 성분이에요. 하지만 대기 중에 이산화탄소가 너무 많으면 기후에 해로운 영향을 미쳐요.

나는 해양학자 토스테 탄후아 박사예요. 독일 킬에 소재한 게오마르 헬름홀츠 해양 연구소에서 바다와 기후 변화를 연구하고 있어요. 보리스 헤르만과 같은 요트 선수들에게 세계 일주 경주를 하면서 바다에서 중요한 데이터를 수집해 달라고 부탁하지요.

말리지아 팀은 월드 세일링(국제 세일링 연맹)이 공인한 IMOCA라는 경주용 보트 협회에 소속되어, 유네스코 산하의 해양 과학 전담 기구(IOC-UNESCO)와 함께 일하고 있어요. IOC-UNESCO는 더 나은 해양 연구를 위해 150개 회원국이 협력하는 조직이에요.

37

해양 관측 장비들

기후 변화를 이해하려면 바다를 세심하게 연구해야 해요. 그래서 바다에서 실시간으로 데이터를 얻기 위해 특별히 연구용 배를 제작하고 염도, 이산화탄소 함량, 수온 등을 측정할 수 있는 다양한 장비가 활용된답니다. 어떤 장비는 해수면 위에서 측정하고, 글라이더나 아르고 플로트, 고정 부표 같은 장비들은 물기둥을 따라 해수면에서 해저 바닥에 이르기까지 측정해요. 보리스는 드리프터나 아르고 플로트와 같은 장비를 직접 바다에 설치하지요.

드리프터(기상뜰개)
해수면을 떠다니며 데이터를 측정해요.

연구용 범선
말리지아호는 움직이는 실험실이에요. 다양한 연구 장비들이 설치되어 있지요. 이산화탄소 같은 해양 데이터를 측정하거나 바닷물을 계속 요트로 퍼올려서 분석해요.

수중 글라이더
무인 잠수정의 한 종류로 원격 조종이 가능한 '수중 비행기'예요. 지그재그로 바닷속을 누비며 데이터를 측정하여 인공위성으로 전송해요.

인공위성

바다를 촬영할 수 있어요.
우주에서 해수면의 온도와 염도를
파악하여 기록해요.

연구용 선박

범선보다 규모가 큰 실험실이라
할 수 있어요. 바닷물의 표본을
채취해 각종 수치를 측정해요.

고정식 부표

고정되어 있어서 오랜 기간
바다를 관찰할 수 있어요.
무엇보다 파도의 높이와
해류를 정확히 측정해요.

아르고 플로트(Argo Float)

혼자 움직이는 로봇과 비슷해요. 바닷물의 표면과
깊은 곳을 오가면서 관측하는 무인 장비예요. 해류를
타고 바다를 오르락내리락하며, 대체로 해수면에서
2,000미터 아래까지 잠수할 수 있어요. 일부는
6,000미터까지도 내려가요. 열흘에 한 번 해수면으로
떠올라 그간 파악한 데이터를 위성을 통해 연구소로
전송해요. 보통 5년 넘게 작동한답니다.

해양 데이터 수집하기

기후에 대한 연구를 하려면 데이터가 최대한 많이 필요해요. 하지만 대양의 몇몇 지역은 육지에서 너무 멀고 배도 거의 다니지 않아 파악하기가 힘들어요. 남반구의 바다에는 특히나 그런 구역이 많아요.

보리스는 특별한 연구 장비를 갖춘 요트를 타고서 세계 일주 요트 대회에 참가하여 배가 거의 지나다니지 않는 외딴 지역에서 데이터를 수집했어요. 드리프터나 아르고 플로트 같은 측정 장비도 바다에 띄웠지요. 과학자들은 이렇게 해서 얻은 데이터를 활용해서 기후 변화 현황을 파악하고, IPCC 보고서(68쪽을 보세요.)를 작성할 수 있었어요. 보리스가 수집한 데이터가 뉴스에서 보도되기도 했답니다.

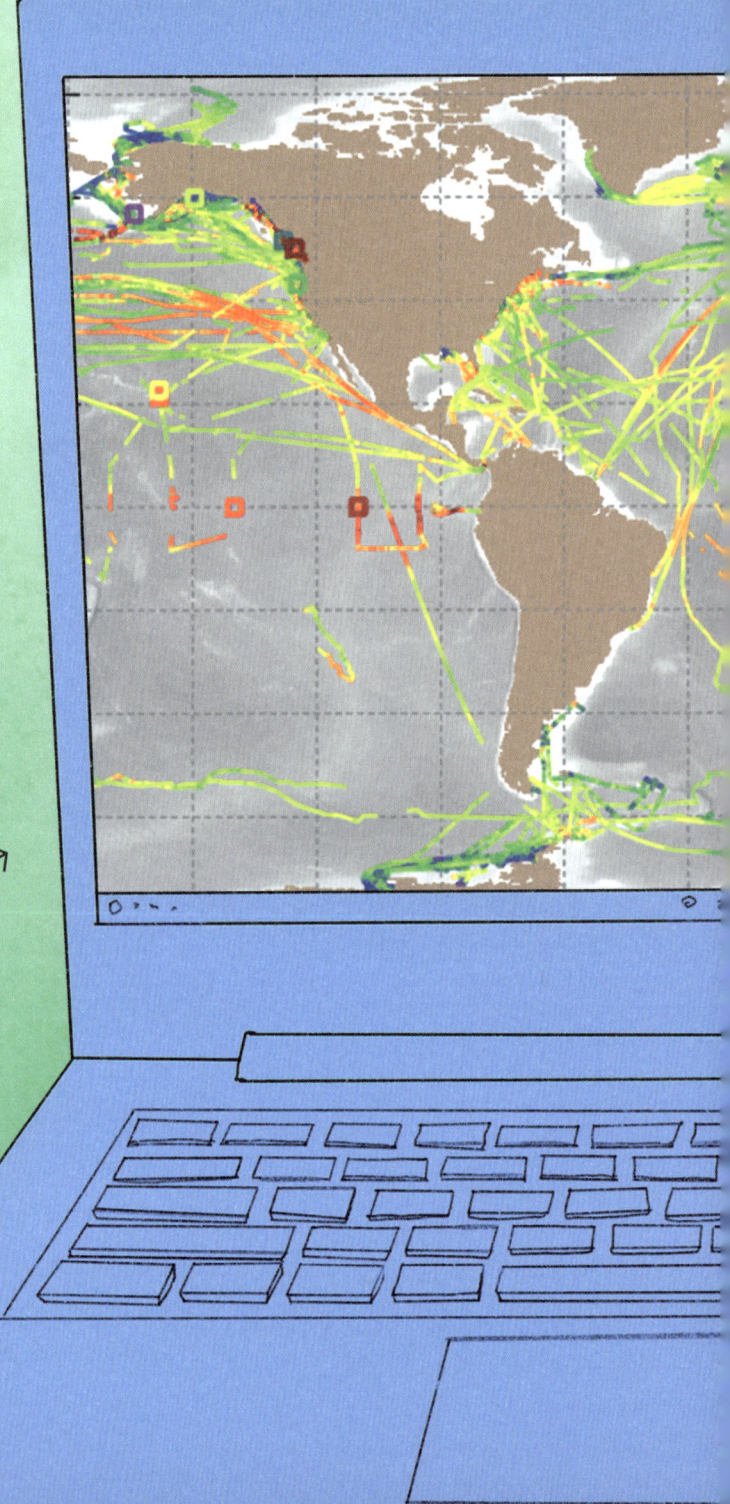

'해수면 이산화탄소 세계 지도(SOCAT)'예요. 이 지도의 남반구 바다에 있는 선들은 2019년에 측정한 이산화탄소 농도를 보여 주는데, 그중 몇 개는 말리지아 팀이 측정한 것이에요.

뉴스에서 보리스가 수집한 데이터가 활용되었어요.

북반구 바다에는 상대적으로 많은 배가 다니며 데이터를 수집하는 데 반해, 남반구 바다에는 배들이 훨씬 적게 다녀서 데이터가 많지 않아요. 그래서 연구용 요트를 따로 남반구 바다에 보내야만 해요.

SOCAT (Surface CO₂ Atlas)

SOCAT 데이터 뱅크에는 전 세계의 해수면에서 수집된 이산화탄소 함량에 대한 양질의 데이터가 저장되어 있어요. 전 세계 연구자들은 이 방대한 데이터를 활용하여 기후 변화가 가져오는 현상을 관찰하고, 현 상황이 어떠한지 더 잘 파악할 수 있어요.

바다와 기후 변화

지구는 보호막에 둘러싸여 있어요. 바로 대기예요. 대기는 여러 기체로 이루어져요.

바다는 기후에서 중요한 역할을 맡고 있어요. 지구가 너무 더워지지 않게 식혀 주고, 인간의 활동으로 발생한 배기가스를 흡수해서 처리해 주니까요. 하지만 바다가 무한정 그런 일을 할 수 있는 건 아니에요. 바다는 서서히 한계에 다다랐고, 지금은 위험한 상황에 놓여 있어요.

기후가 변하면서 바닷물은 점점 산성화되고 수온도 올라가고 있어요. 이러한 바다의 변화에 적응하지 못하여 많은 해양 생물이 멸종될 위기에 처했답니다.

깨알 지식

따뜻한 물과 찬물의 이산화탄소 흡수

수온이 올라가면 바다는 이산화탄소를 많이 저장하지 못해요. 직접 확인할 수 있어요! 우리가 마시는 미네랄 워터 속 거품이 바로 이산화탄소예요. 미네랄 워터 두 병을 마련해 한 병은 냉장고에 넣어 두고, 다른 한 병은 따뜻한 햇빛 아래에 놓아 두어요. 그런 다음 몇 시간 뒤에 두 병을 모두 열어서 어느 쪽에 거품이 더 많은지를 확인해 보세요. 찬물이 따뜻한 물보다 더 많은 이산화탄소를 포함하고 있을 거예요.

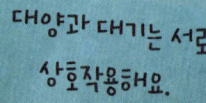

지표면의 약 70퍼센트는 바다로 덮여 있고, 바다는 대기와 계속 탄소를 교환해요.

대양과 대기는 서로 상호작용해요.

산업을 통해 유발되는 이산화탄소 등의 배기가스가 대기 중에 이르러요.

북극곰은 수온이 따뜻해지면서 생존의 위협을 받고 있는 대표적인 동물이에요. 북극곰이 살아가려면 1년 내내 얼어 있는 얼음이 필요한데, 온난화 탓에 얼음이 점점 녹아서 삶의 터전을 빼앗기고 있어요.

배기가스

배기가스는 인간이 만들어 내는 기체로, 자동차 등에서 불필요하게 되어 배출되는 가스예요. 공기 중 기체는 해수면을 통해 바닷속으로 옮겨 갈 수 있어요. 배기가스도 대기에서 바닷속으로 흡수돼요. 대기 중의 배기가스는 지구 온난화를 유발해요. 그래서 바닷물도 따뜻해지고 있어요.

지구에 열이 나요

햇빛이 쨍쨍한 여름을 떠올려 보세요. 그런 여름에 방 안에 있으면 더울 거예요. 더구나 그 방에서 계속 두터운 이불을 덮고 잔다면 정말 엄청나게 더울 거예요. 지구도 마찬가지예요. 태양이 지구에 열을 공급하고, 대기는 이불과 같은 역할을 해요. 인간이 배출하는 이산화탄소가 이 이불을 더 덥게 만들어요. 그래서 지구는 점점 열이 난답니다.

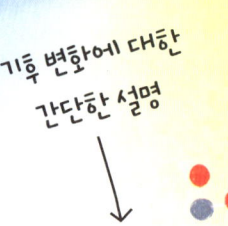

기후 변화에 대한 간단한 설명

1. 태양은 지구의 에너지 공급원이자, 기후 시스템의 엔진이에요. 태양이 지구를 따뜻하게 만들어 식물과 동물과 인간이 활발하게 살아갈 수 있어요.

2. 대기는 여러 기체(산소, 이산화탄소, 메탄, 오존, 질소 등)로 구성되어 있어요. 대기가 이불처럼 지구를 두르고 있어서, 대기가 없다면 지구는 밤에 무척 추울 거예요. (섭씨 영하 140도 정도까지 내려갈 거예요.) 또, 낮에는 너무나 더울 거예요.(섭씨 82도 정도로요.) 평균 기온이 이렇게나 낮아지면 모든 바다가 얼어붙고, 우리는 얼음 행성에서 살아가야 해요.

3. 대기를 구성하는 기체 중 하나인 이산화탄소가 기후 변화의 주요 원인이에요. 이산화탄소는 맛도 안 나고 냄새도 안 나고 눈에 보이지도 않지만, 지구 온난화에서 중심적인 역할을 해요.

4. 발전소에서 석탄을 태워 전기를 생산하면 이산화탄소가 많이 발생해요. (그래서 이산화탄소를 줄이려면 풍력 에너지를 더 많이 활용하는 것도 좋은 방법이에요.)

5. 자동차 운전이나 배와 비행기의 운항, 각종 소비 생활과, 난방 등 일상생활에서도 이산화탄소가 많이 발생해요.

6. 대기 중 이산화탄소가 증가하면서 지구를 두른 '이불'이 너무 두터워진 탓에 지구는 점점 뜨거워지고 있어요. 지구의 온도가 1.5도 이상 높아지면 되돌릴 수 없는 최악의 상황으로 치닫을 가능성이 높다고 전문가들은 우려해요.

온실가스와 온실 효과

대기 중의 이산화탄소는 온실의 유리와 비슷한 작용을 해요. 온실의 유리는 실내를 따뜻하게 만들어요. 태양열이 유입되기만 할 뿐, 유리 때문에 열이 밖으로 빠져나가지 못하니까요. 자동차에서도 이를 경험할 수 있어요. 해가 쨍쨍한 곳에 자동차를 오래 세워 놓으면 실내 기온이 외부 기온보다 훨씬 높아지지요.

짧은 파장의 햇빛은 방해를 거의 받지 않고 대기를 통과해 지표면에 도달해요. 햇빛이 땅을 달구면, 달구어진 땅은 긴 파장의 열복사선으로 열을 우주로 돌려보내고요. 그런데 이산화탄소, 메탄, 오존, 아산화질소 같은 대기 중의 온실가스가 긴 파장의 복사선이 대기에서 빠져나가는 걸 어렵게 만들어요. 마치 온실의 유리처럼 작용해 지구를 온실로 만든다고 해서 '온실가스'라고 불러요.

소들은 40초에 한 번씩 방귀를 뀌는데, 이때 메탄가스가 배출돼요! 그래서 기후에 악영향을 끼쳐요.

깨알 지식

온실을 만들어요

준비물: 얼음이 담긴 그릇 2개와 커다란 유리 볼

얼음이 담긴 그릇 2개를 햇빛 아래에 놓아요.
그리고 그중 한 그릇에만 유리 볼을 씌워요.
그런 다음, 핸드폰 스톱워치로 두 그릇의 얼음이
완전히 녹기까지 얼마나 걸리는지 시간을 재어 보아요.
하나, 둘, 셋, 시작!
어떤 현상을 관찰할 수 있나요?

직접 한번
해 보세요.

이산화탄소는 언제 생겨나나요?

자동차를 타고 학교에 갈 때, 비행기를 타고 휴가를 떠날 때, 텔레비전이나 냉장고처럼 우리가 매일 사용하는 물건들을 생산하고 운송할 때 늘 이산화탄소가 발생해요. 1년에 전 세계에서 배출되는 이산화탄소의 양은 어마어마해요. 약 400억 톤이랍니다! 화석 연료를 연소하고, 숲을 벌목하거나 불태울 때 가장 많은 이산화탄소가 발생하지요.

상품을 운송하고, 여행하고, 교통수단을 이용할 때 이산화탄소가 만들어져요.

물건들을 생산하려면 엄청난 양의 에너지가 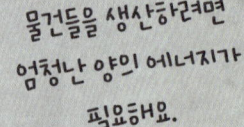 필요해요.

콘크리트를 사용해 고속도로나 건물을 지을 때에도 이산화탄소가 많이 발생해요.

발전소에서 석탄과 가스를 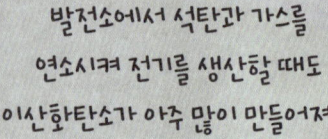 연소시켜 전기를 생산할 때도 이산화탄소가 아주 많이 만들어져요.

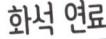 화석 연료

석탄, 천연가스, 석유 등을 말해요. 생물이 땅속에 묻히고 수백만 년이 흐르면서 생성된 자원이에요. 바다 아래에도 화석 연료가 많이 있어요. 우리는 원유를 채굴한 뒤 경유, 휘발유, 등유 등으로 정제해 자동차, 비행기, 선박을 가동시켜요. 이때 연간 약 340억 톤의 이산화탄소가 생겨나는데, 이는 이산화탄소 전체 배출량의 88퍼센트에 이르러요.

어디로 퍼질까요?

바다와 숲은 이산화탄소를 흡수하고 다른 물질로 전환시킬 수 있어요. 숲이나 바다가 흡수하지 못하고 남은 이산화탄소는 대기 중에 축적되어 몇천 년간 남아 있게 돼요. 이렇게 대기 중의 이산화탄소 양이 서서히 증가해 온 결과로 지구 온난화를 비롯한 기후 변화가 나타나게 되었어요.

대기 중에는 전체 이산화탄소의 약 47퍼센트가 모여 있어요.

나무들은 전체 이산화탄소의 약 30퍼센트를 흡수해요. 이산화탄소는 나뭇잎에서 산소로 바뀌지요.

대양은 전체 이산화탄소의 약 23퍼센트를 흡수해요.

나무를 벌목하거나 불태우면, 나무에 흡수되어 있던 이산화탄소가 방출돼요. 그렇게 배출되는 이산화탄소가 연간 약 50억 톤이며, 총 배출량의 12퍼센트를 차지해요.

우리는 기후 탐정

수십만 년 전에 지구의 기후가 어땠는지를 어떻게 알 수 있을까요? 최근의 급격한 지구 온난화 현상이 인간이 빚어낸 결과라고 말할 수 있는 이유가 무엇일까요? 그린란드와 남극 대륙의 얼음에서 이런 질문에 대한 답을 찾을 수 있어요.

몇십만 년 전에는 대기 중에 온실가스가 얼마나 많이 함유되어 있었을까요? 빙하 코어를 보면 알 수 있어요!

빙하 코어 (얼음 코어)

얼음에 깊이 구멍을 뚫으면 과거를 들여다볼 수 있어요. 연구자들은 남극 대륙의 빙하에 깊게 구멍을 뚫어서 90만 년 전에 생겨난 얼음층에까지 도달했답니다. 이렇게 해서 얻은 원통 모양의 얼음 기둥을 '빙하 코어'라고 해요. 해마다 내린 눈이 오랜 세월에 걸쳐 겹겹이 쌓여 두터운 얼음층이 형성되었고, 위에 있는 얼음층이 아래에 있는 층을 눌러서 나무의 나이테와 같은 겹겹의 층이 만들어졌어요. 빙하 코어를 이루는 각 층은 기후 변화에 대해 귀중한 정보를 전해 주어요. 눈과 공기와 먼지가 섞인 채 얼음이 되었기 때문에, 빙하 코어의 기포와 퇴적물을 활용하면 수십만 년 전 공기에 얼마나 많은 이산화탄소 혹은 메탄이 함유되어 있었는지를 연구할 수 있어요. 빙하 코어는 과거 어느 때에 화산이 크게 폭발했는지도 알려 주는데, 화산이 폭발하면 대기 중의 이산화탄소가 급격히 상승하기 때문이에요.

밑에 놓일수록 더 오래된 얼음층이에요. 위쪽에 위치할수록 더 최근의 것이고요. 밝은 색과 어두운 색이 띠는 온난한 시기와 한랭한 시기의 교체나 화산 활동을 보여 주지요.

얼음에 깊이 구멍을 뚫어서 연구하면
지구의 기후 변화 사정을 샅샅이 알아내는
'기후 탐정'이 될 수 있어요. 과거에
기후가 어떻게 변했는지를 알 수 있지요.

거짓말을 하지 않는 얼음

빙하 코어를 과학적으로 분석하면, 온실가스와 지구 표면의 온도 변화 사이에 직접적인 연관이 있다는 것을 알 수 있어요. 메탄과 이산화탄소의 양은 오랜 세월 동안 거의 동일하게 유지되다가, 1960년 이후 양이 급격하게 증가했어요. 인간의 활동이 그 시기 내지 그보다 더 전부터 이산화탄소를 많이 배출하기 시작했고 지금까지 이어졌다는 뜻이에요. 결국 인간이 지구 온난화를 초래했다고 봐야 해요.

기후 기억

빙하학은 얼음과 눈의 과학이에요. 빙하의 특성과 변화를 연구하는 학문이지요. 빙하학자들은 빙하 코어를 수집해요. 얼음이 사라지면 얼음에 담겨 있던 정보도 사라질 테니까요. 얼음 속에 담긴 '기후 기억'도 말이에요.

깨알 지식

나무와 기후

나무둥치의 나이테도 기후에 대한 정보를 담고 있어요.

넓고 밝은 부분은 습하고 따뜻한 날씨

좁고 어두운 부분은 건조하고 추운 날씨

알베도 효과와 영구 동토층

햇살이 빛나는 날, 남극에서 펭귄이 배를 깔고 엎드려 있다고 상상해 보세요. 태양이 펭귄의 검은 등에 내리쬐면 펭귄은 몸이 따뜻해져요. 검은색이 태양 광선을 흡수하고 에너지를 저장하기 때문이에요. 반면 펭귄이 등을 바닥에 대고 똑바로 누우면, 밝고 흰 배가 태양 쪽을 향하게 되어 몸이 그다지 따뜻해지지 않아요. 하얀색은 햇빛을 반사하기 때문이에요. 하얀 눈과 얼음도 그래요. 눈과 얼음은 햇빛을 반사하여 지표면의 온도를 낮추어 주지요. 반면에 물이나 흙과 같은 어두운 표면은 태양 광선을 흡수하고 열에너지를 저장해요.

지금까지 극지방에서는 1년 내내 거대한 얼음이 바다를 뒤덮고 있었어요. 하지만 이제는 온난화 탓에 여름에 얼음이 녹는 양에 비해 겨울에 다시 어는 양이 더 적어요. 그 결과, 해빙이 점점 녹으면 육지의 얼음도 녹아요. 육지의 얼음이 녹아 검은 땅이 드러나면 육지의 기온이 오르면서 다시금 바다의 얼음도 더 많이 녹아요. 이런 식으로 악순환이 계속돼요. 이를 '알베도 효과'라고 해요.

알베도(반사율)

알베도는 표면이 태양빛을 얼마나 많이 반사할 수 있는지를 나타내는 단위예요. 알베도 1은 태양빛을 완전히 반사하는 상태이고, 0은 햇빛을 완전히 흡수하는 상태지요. 표면이 밝을수록 알베도가 커져요. 하얀 눈의 알베도는 거의 1에 가깝고, 검은 아스팔트는 거의 0에 가깝답니다.

푸딩처럼 변하는 땅

영구 동토층은 오랜 세월 전에 죽은 동물이나 식물이 꽁꽁 언 채로 묻혀 있는 지대를 말해요. 마치 거대한 냉동고와 같아요. 그런데 여름에도 얼어 있던 영구 동토층이 몇십 년 전부터 녹기 시작했어요. 표면으로 흡수된 열이 더 깊은 층으로 침투했기 때문이에요. 영구 동토층이 녹으면 그곳에 묻혀 있던 식물이나 동물이 부패하면서 생긴 이산화탄소와 메탄이 방출돼요. 그러면 또 하나의 악순환이 시작돼요. 대기에 메탄과 이산화탄소가 많아질수록 지구는 더 따뜻해지니까요. 그래서 얼어붙었던 땅이 또 녹고, 또다시 메탄과 이산화탄소가 방출될수록 지구 온난화가 가속되지요. 과학자들은 영구 동토층에 저장된 이산화탄소가 현재 지구에 있는 이산화탄소보다 2배는 더 많을 거라고 보고 있어요.

북반구 면적의 25퍼센트는 영구 동토층으로 이루어져 있어요. 알래스카, 스칸디나비아, 러시아, 캐나다, 중국, 그린란드의 많은 지역이 그에 해당하지요.

북극처럼 추운 지방에서 영구 동토층이 녹으면 그 위의 집과 거리가 가라앉을 거예요. 다리도 무너지고요. 그곳에 살던 사람들은 '발 아래 땅'을 잃고, 다른 곳으로 피해야 할 거예요.

해양 산성화

이산화탄소가 바닷물에서 일으키는 화학적 변화를 '해양 산성화'라고 해요. 이산화탄소는 해수면에서 바다로 흡수되는데, 그 과정에서 탄산이 만들어져요. 우리가 아는 탄산수 속 바로 그 '탄산'이요. 탄산수처럼 거품이 뽀글뽀글 올라올 정도는 아니지만, 적은 양의 이산화탄소라도 점차 쌓이면 바다의 산성도에 변화를 가져와요. 바닷속 생물들은 해양의 산성화와 온난화로 큰 고통을 받고 있어요.

생활 공간

산호초가 모여 이루어진 군락지는 해저에서 차지하는 면적이 그리 크지 않지만, 매우 다양한 바다 생물 종이 서식하고 있어요. 산호는 사실 식물이 아니라 동물이에요. 작은 산호충이 모여 수천, 수백만의 군체를 형성해요. 먹이는 입을 통해 섭취하거나 미세 조류에게서 얻어요. 조류가 광합성을 하여 산호에게 양분을 공급하고 예쁜 색깔을 띠게 해 주는 대신, 산호가 분비한 석회질의 딱딱한 외골격은 조류를 보호해 주지요. 둘은 서로 돕는 공생 관계랍니다.

그레이트 배리어 리프

호주 해안에 있는 산호초 군락지예요. 길이 약 2,300킬로미터로, 규모가 어마어마하게 커요. 달에서도 눈에 보일 정도랍니다. 이 산호초 지대에는 1,800여 종의 해양 동물이 서식하고 있어요. 그런데 기후 변화로 지난 5년간 대규모의 산호 백화 현상을 세 번이나 겪었어요. 산호의 상당 부분이 하얗게 변하며 파괴되었고, 아직 회복되지 못했어요.

건강한 산호:
산호가 조류와
공생관계로 살아간다.

빛바랜 산호:
해양 산성화와 온난화로
조류가 떠난다.

죽어 가는 산호:
산호가 굶어 죽을 지경이
되고, 색깔도 잃는다.

만능 산호초

산호는 파도를 부서뜨리고, 바닷물의 흐름에 영향을 끼쳐서 해안을 보호해요. 오염을 걸러 주어 수질을 좋게 할 뿐 아니라, 무척 아름답기까지 해요!

산호 백화 현상

바다의 수온이 올라가면 산호에서 조류가 사라져요. 조류가 없으면 산호는 영양분을 공급받지 못해 굶어 죽게 돼요. 그리고 아름다운 색깔을 잃고 하얗게 되어 버려요. 이를 '백화 현상'이라고 해요. 바다의 산성화도 산호의 외골격에 나쁜 영향을 미치지요. 열대 산호초는 2030년이면 멸종할 수도 있어요. 산호초에 살던 많은 물고기가 서식지를 잃고 사라지면 고기잡이를 해서 살아가던 사람들의 생계도 위험해져요.

위험에 처한 바다 동물들

많은 생물이 바다의 산성화와 온도 변화에 적응하지 못하고 있어요. 지구의 긴 역사에서 기후는 예전에도 변한 적이 있어요. 하지만 인간이 초래한 기후 변화는 그 속도가 너무나 빠르답니다. 지구의 생물들이 변화한 환경에 적응하려면 시간이 필요해요. 특수한 환경에 서식하는 동물들은 환경이 바뀌면 더욱이 살아남기가 쉽지 않아요. 이대로라면 인간, 동물, 식물 할 것 없이 모두가 시간과 싸워야 해요.

세계 최고령 육지 동물로 기네스북에 오른 이 세이셸 거대 거북은 나이가 190세가 넘었어요. 하지만 모든 거북이 이렇게 운이 좋지는 않아요. 특히 바다거북은 전 세계적으로 멸종 위기종에 속해요.

북극곰

북극곰은 겨울에 얼음을 이용해 사냥해요. 바다가 얼음으로 덮여 있으면 물개와 바다표범이 숨을 쉬기 위해 얼음에 난 구멍으로 올라오는데, 이때를 틈타 공격하지요! 하지만 지금은 온난화로 인해 해빙이 녹아 북극곰이 물개나 바다표범을 사냥하기가 힘들어졌어요. 먹이를 구할 수 없어 굶주린 암컷 북극곰은 새끼도 잘 낳지 못해요. 북극곰은 눈에 동굴을 파고 새끼를 낳는데, 기온이 올라가면 이 동굴이 무너지는 경우도 있어요. 해빙이 점점 적어지면 해빙이 있는 먼 곳까지 헤엄쳐 갈 수 없는 북극곰 새끼들이 굶어 죽는 경우도 생긴답니다.

유럽 연못 거북

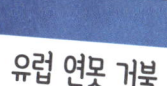

유럽의 강이나 호수 등에 사는 이 거북은 수온 상승에 특히 민감하게 반응해요. 수온이 28도 이하인 경우에는 알에서 수컷만 부화하고, 29.5도를 넘어가면 암컷만 부화하며, 28에서 29.5도 사이에서만 암컷과 수컷의 비율이 균형을 이루어요. 지구 온난화로 인해 수온이 장기간 높은 상태로 유지되면, 수컷이 태어나지 못하여 번식이 어려워져요. 이대로라면 서서히 멸종될 우려가 있어요.

암컷 거북이 수컷 거북을 찾는다는 광고를 내야 할지도 몰라요!

남획되는 물고기들

요즘은 작은 배가 아니라 첨단 장비를 갖춘 거대한 선박을 동원해서 어업이 이루어지는 경우가 많아요. 이런 선박은 최대한 많은 물고기를 한꺼번에 잡으려고 몇 킬로미터에 이르는 엄청나게 커다란 그물을 바다에 드리워요. 어떤 그물은 자그마치 500톤에 이르는 물고기를 한 번에 잡는다고 해요. 500톤은 코끼리 약 100마리에 해당하는 무게랍니다!

부수 어획(혼획)

원래 잡으려 했던 물고기 종이 아닌데, 다른 물고기들을 잡는 과정에서 부수적으로 여러 물고기가 섞여 잡히는 것을 말해요. 이렇게 잡힌 물고기들은 팔 수가 없기에 바로 다시 바다로 던져 버리는 경우가 많은데, 대부분은 살아남지 못하고 죽게 돼요. 아직 어린 물고기가 그물에 걸려서 번식할 기회도 얻지 못한 채 죽어 가는 경우도 빈번해요. 이 때문에 이미 많은 종의 물고기가 멸종되었거나 멸종 위기에 놓여 있어요.

깨알 지식

남획(난획)

번식이나 이주를 통해 자연스레 개체수를 회복할 수 있는 수준 이상으로, 짐승이나 물고기를 마구 잡는 것을 말해요. 전 세계적으로 3분의 1 이상의 어종이 남획되고 있으며, 많은 어종이 최대 한도에 이르기까지 어획되고 있어요. 멸종될 걱정 없이 마음 놓고 포획할 수 있는 어종은 이제 몇 되지 않아요.

전 세계에서 참치, 연어, 상어, 대구 등이 남획되고 있어요.

알락돌고래

알락돌고래는 몸집이 가장 작은 고래로, 길이가 1~2미터에 불과해요. 이 돌고래는 굉장히 수줍음을 타는데, 운이 좋은 경우 보리스처럼 발트해를 항해하다가 알락돌고래의 모습을 관찰할 수도 있어요. 알락돌고래는 귀로 '볼' 수 있어요. 자신이 쏘아 보낸 초음파가 물체에 부딪혀 다시 돌아오는 것으로 사물을 분간하는 거예요. 하지만 촘촘하게 짜인 어망은 음파를 되돌려 보내지 못해요. 그러다 보니 돌고래들이 그물에 끼이거나 그 안에 갇혀, 해수면으로 올라오지 못하고 죽음을 맞이해요. 그물뿐 아니라 소음과 각종 유해 물질, 쓰레기도 알락돌고래의 생명을 위협하고 있지요. 멸종 위기에 처한 알락돌고래를 보호하기 위해 보호 구역으로 지정한 북해의 남쪽에는 다시금 알락돌고래가 종종 나타나고 있어요. 하지만 보호 조치를 더 광범위하게 적극적으로 시행해야 해요. 발트해 동쪽에 서식하는 알락돌고래는 500마리도 채 되지 않는답니다.

너무 많은 생선이 식탁에 오르고 있지 않나요?

생태계 불균형

어업에서 대형 어류는 특히나 인기예요. 대형 어류의 포획이 여의치 않으면 어부들은 그다음으로 큰 물고기를 잡으려 해요. 그동안 대형 어류의 먹잇감이었던 물고기들이에요. 이렇게 해서 남획의 피해를 보는 어종이 점점 늘어나고 있을 뿐 아니라, 물고기들의 먹이 사슬도 파괴되고 있어요. 기후 변화로 수온이 올라 번식이 원활하게 이루어지지 않은 탓에 새로운 물고기도 충분히 유입되지 않고 있어요. 수중 동물과 식물 간의 섬세한 균형도 날로 깨어지고 있답니다.

어업에 사용되는 거대한 그물은 다양한 문제를 초래해요. 대양의 바닥에까지 드리워진 그물은 바닥을 파헤치고 해초를 손상시켜 바닷속 동물들을 위험에 빠뜨리며 그들의 서식지를 망가뜨리지요.

분배의 문제

부유한 나라의 사람들은 점점 더 많은 생선을 소비하려고 해요. 유럽에서 소비하는 생선의 절반 이상은 유럽 외의 나라에서 어획되어 운송된 거예요. 그 바람에 개발 도상국에서는 이런 물고기를 먹고 싶어도 못 먹는 경우가 많아요. 정작 오랜 세월 바닷가에 살면서 생선에서 주된 영양을 얻어 온 사람들이 영양 공급원을 빼앗기게 되는 셈이에요.

전 세계적으로 한 사람당 1년에 섭취하는 생선의 양이 50년 전보다 평균 2배로 늘었어요. 이것은 우리 바다가 감당할 수 있는 양의 2배에 달해요!

황폐화

커다란 그물이 바다의 바닥을 훑고 나면, 바다 밑 땅이 갈아엎어지고 해양 동식물의 서식지는 점점 황폐해져요. 깊은 바다의 생물들이 그물 속으로 딸려 들어가는 것도 문제예요.

째깍째깍 기후 시계

'전복'이라는 말을 들어 보았나요? 전복은 차나 배가 뒤집히는 거예요. 욕조에 모형 배를 띄웠다고 상상해 보세요. 옆에서 손으로 밀면 배는 비스듬히 기울어질 거예요. 손을 떼면 다시 똑바로 서겠지요. 하지만 어느 이상 기울어지면 배는 완전히 뒤집어져요. 이런 상태가 바로 전복이에요. 지구 온난화가 심해지면 자연은 균형을 잃어 회복 불능 상태가 돼요. 지구 온난화의 속도는 점점 더 빨라지고 있어요. 빙하가 녹고, 숲이 벌목되고, 영구 동토층이 녹고, 해류 속도가 느려지는 등의 일이 모두 지구의 상태를 악화시키고 있어요. 기후가 전복되지 않도록 더 늦기 전에 조치를 취해야 해요.

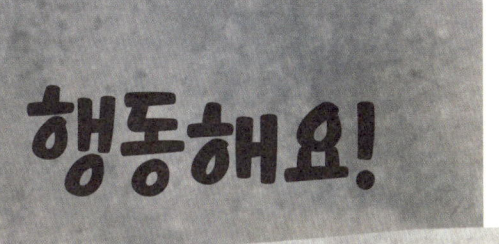

행동해요!

함께하면
할 수 있어요.
구 온난화를
막아요.

우리는 해낼
거예요!!!

자연을
지켜요

지구의 온도 상승 폭을 2도,
가능하면 1.5도 내로 제한해야만
지구가 회복될 수 있는 가능성이 있어요.
기울어졌던 배가 다시
똑바로 서는 것처럼요.

기후 변화의 결과

온난화로 인해 지구에 여러 현상들이 일어나고 있어요. 극심한 가뭄, 폭우, 폭염, 홍수 등이 예전보다 늘었지요. 땅에 '열'이 나고 극지방의 얼음이 녹으면서 해수면 높이도 변하고 있어요. 해수면이 계속해서 상승하는 거예요. 물은 따뜻해지면 부피가 팽창하기 때문에 이를 통해서도 해수면은 더욱 높아져요. 해수면이 1센티미터 상승하면, 해안에서는 약 1미터의 땅이 물에 잠겨요. 지구 전체의 사람들 중 절반이 넘는 수가 바다와 가까운 곳에 살고 있기에 이런 현상은 앞으로도 계속 큰 문제가 될 거예요. 게다가 물이 차지하는 면적이 넓어지면 증발되는 양도 늘어 대기 속으로 수증기가 더 많이 유입돼요. 그 결과 구름이 더 빠르게 비로 바뀌고 비의 양이 많아져요. 또, 어떤 지역은 비가 너무 많이 내리고 어떤 지역은 거의 내리지 않게 돼요. 방글라데시 같은 나라에서는 홍수와 해수면 상승으로 많은 사람들이 삶의 터전을 잃어 가고 있어요. 반대로 아프리카에서는 비가 거의 내리지 않는 바람에 사람들이 어려움을 겪고 있답니다.

2021년 7월 독일에서는 '베른트'라는 이름의 저기압대가 장기간 머물면서 엄청나게 많은 비가 쏟아져 내렸어요. 이런 현상이 앞으로 점점 더 자주 나타날 거라고 해요.

깨알 지식

제트 기류

바다에 물의 흐름인 해류가 있는 것처럼 공기에도 흐름이 있는데, 이를 기류라고 해요. 지상으로부터 약 10킬로미터 떨어진 상공에는 '제트 기류'라는 강한 바람이 불어요. 제트 기류는 날씨에 굉장히 중요한 영향을 미쳐요. 차가운 지역과 더운 지역, 고기압대와 저기압대의 균형을 잡아 주는 역할을 하지요. 그런데 기후 변화로 인해 북극과 그 위의 대기가 점점 따뜻해지면서 민감한 기류 시스템이 균형을 잃고 무너지고 있어요. 제트 기류가 힘을 잃고 느려지면서 기상 이변도 더 많이 나타나게 되었어요.

기후 난민

어떤 사람들은 기후 변화로 자신이 살던 곳을 떠나 피난을 가야 해요. 식량과 물 부족, 폭염, 홍수로 말미암아 다른 곳으로 옮겨 가서 살아야 하는 거예요. 안타깝게도 특히 가난한 나라의 국민들이 이런 상황에 처해요. 그들은 지구 온난화를 야기한 이산화탄소 배출에 그다지 책임이 없는데도 이런 어려움을 당해야 해요.

부유한 나라인 사람들이 가난한 나라인 사람들보다 이산화탄소를 2배 넘게 배출해요.

함께 힘을 모아 해결해요!

유엔 산하에는 IPCC라는 기후 협의체가 있어요. 기후 변화에 관한 정부 간 협의체를 말해요. 이런 협의체는 기후 연구를 통해 알게 된 현재의 기후 상황을 여러 나라의 정치인들에게 알려 주는 일을 해요. 전 세계에서 선도적인 기후학자 수백 명이 IPCC 보고서를 작성하지요. 이 보고서는 다음과 같은 질문에 답을 제공해요.

지구 온난화가 지속되면 어떤 일이 일어나게 될까?

지구의 기후를 어떻게 유지할 수 있을까?

기후 변화에 어떻게 적응할 수 있을까?

세계 기후 협의체는 보고서 등을 통해 인간의 활동이 지구 온난화와 기후 변화를 가져왔다고 명확히 밝히고 있어요. 현재 지구가 감당할 수 있는 것보다 더 많은 이산화탄소가 배출되고 있으며. 유해한 온실가스를 줄이기 위해서는 앞으로 10년간 적극적인 노력을 기울여야 한다고 목소리를 높이고 있지요. 단호한 대책들이 필요하다고 하면서요. 또한 기온 상승 폭을 1.5도 이내로 멈추도록 하자는 목표를 정했는데, 이런 목표를 달성하기 위해서는 2050년까지 탄소 중립을 이루어야 하고, 메탄과 같은 다른 온실가스의 배출도 대폭 줄여야 해요. 탄소 중립은 이산화탄소의 배출량이 흡수량과 균형을 이루게 해서 실질적인 배출량이 0이 되게 하는 것을 말해요. IPCC의 195개 회원국*이 보고서를 공식적으로 승인하고 함께 기후 변화를 막기 위해 협력하겠다는 의지를 다지고 있답니다.

*2018년의 상황

말리지아 팀은 과학자들과 함께 IPCC 보고서를 매우 주의 깊게 연구해요. 그러면서 기후 변화와 바다에 대해 깊이 이해할 수 있어요.

우리도 함께할 수 있어요!

전 세계의 많은 사람들이 집회를 통해 기후 변화에 대한 사람들의 관심과 참여를 촉구하고 있어요.

2015년 각 나라의 대표들이 모인 유엔 기후 변화 협약 총회에서 '파리 기후 협약(파리 협정)'을 채택했어요.

파리 기후 협약

2015년 195개국의 대표가 프랑스 파리에서 모여 기후 온난화로 인한 기온 상승 폭을 2도보다 상당히 낮은 수준으로 유지하도록 노력을 기울이고, 가급적이면 1.5도 이내로 제한하기로 협의했어요. 또한 2050년부터는 지구가 다시 흡수할 수 있는 수준 이상으로 이산화탄소를 배출하지 않기로 했지요. 선진국은 이런 목표를 달성하기 위하여 가난한 나라를 돕기로 했어요. 협약에 따르면 각국은 어떻게 탄소 중립으로 나아갈지를 스스로 결정할 수 있어요. 하지만 활동 계획을 미리 알리고, 온실가스를 얼마나 배출하는지를 보고해야 해요.

새로운 해결책들

- 산호초를 구하고 지켜요.
- 함께하면 많은 것을 바꾸고 많은 일을 해낼 수 있어요.
- 기후 위기? 희망은 있어요!
- 어떤 새로운 해결책을 개발할 수 있을까?
- 수중 탐사기로 어류 현황을 관찰하고 어획량을 조절해요.
- 어획 금지를 권고하고 보호 구역을 선포해요.
- 기후 변화를 막는 일에 참여할 수 있는 흥미로운 직업이 많아요.
- 어떻게 하면 더 환경 친화적인 에너지 소비를 할 수 있을까?
- 자연의 힘을 활용해요. 재생 에너지를 통해 전기를 만들어 내요.
- 기후 중립적인 연료를 개발해요.

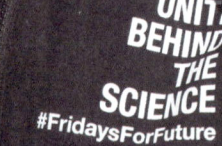

참여할 준비가 되었나요?

항해 중에 다른 방향으로 가려 한다면 배를 돌려야 해요. 항해할 때 방향을 바꾸기 전에 조타수는 선원들에게 '바꿀 준비가 되었나?'라고 물어요. 그러면 선원들은 '준비 완료!'라고 대답하지요.

기후를 위해 노력할 준비가 되었나요? "준비 완료!"

기후 위기를 극복하려면 세계가 공동으로 힘을 합쳐야 해요. 과학은 인간의 행동이 기후 위기를 초래했다고 말해요. 그러니 기후에 해가 되는 행동을 변화시켜 다른 방향으로 나아가야 해요. 집과 학교에서도 지구에 도움이 되는 행동을 시작할 수 있어요. 작은 행동도 소중해요. 모이면 큰 변화를 이끌어 낼 수 있으니까요.

여러분이 자라서 기후 변화를 연구하거나, 중요한 무언가를 만드는 사람이 될지도 몰라요. 좀 더 환경 친화적으로 살 수 있는 새로운 기술을 개발하는 사람이 될지도 모르지요.

기후를 위해 사람들이 어떤 영리한 해결책을 내놓았는지 살펴볼게요. 말리지아 팀이 기후를 위해 무엇을 하고 있는지도 말해 줄게요. 여러분도 스스로 무엇을 할 수 있을지 생각해 보세요.

기후를 위한 노력

말리지아호는 이산화탄소를 배출하지 않고 자연의 힘만으로 세계를 일주해요. 말리지아호 한켠에는 색색깔로 이루어진 원과 '우리가 반드시 승리해야 하는 경주(A RACE WE MUST WIN)'라는 슬로건이 커다랗게 적혀 있어요. 이 원의 색깔은 유엔이 정한 17가지 지속 가능 발전 목표를 의미해요. 말리지아 팀은 이러한 지속 가능 발전 목표를 추구하며, 기후 변화를 막기 위한 활동을 전개하고 있어요.

탄소 발자국 줄이기

탄소 발자국 추적기(인터넷에서 검색해 보세요.)를 활용하면 여러분이 얼마만큼의 이산화탄소를 배출하는지를 알 수 있어요. 친환경적인 방법으로 전기를 생산하고, 비행을 가급적 피하고, 자전거로 이동하는 등 말리지아 팀의 모든 노력은 탄소 발자국을 줄이기 위한 것이에요.

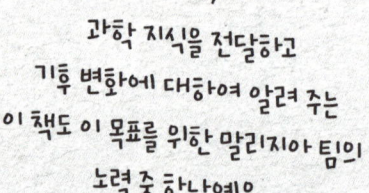

과학 지식을 전달하고 기후 변화에 대항하여 알려 주는 이 책도 이 목표를 위한 말리지아 팀의 노력 중 하나예요.

친환경 전기 생산

말리지아호에서는 자체 발전기로 전기를 생산해요. 이 발전기는 태양 광선과 바람, 그리고 물속 프로펠러에 작용하는 물의 저항을 전기로 변환시킨답니다.

비대면 회의

말리지아 팀은 에너지를 소모하고, 탄소를 많이 배출하는 불필요한 비행을 하지 않으려고 주로 화상 회의를 해요.

근육을 쓰기

항구에서는 자동차 대신 화물용 자전거로 물건을 운반해요.

17가지 지속 가능 발전 목표를 의미해요.

요트에 오른 그레타 툰베리

환경 운동가 그레타 툰베리는 2019년 유엔 기후 행동 정상 회의에 참석하기 위해 말리지아-시익스플로러의 도움을 받았어요. 이산화탄소를 배출하지 않는 방식으로 이동하기 위해 말리지아호를 타고 영국 플리머스에서 미국 뉴욕까지 보름 동안 항해했지요. 이 일은 기후 문제에 많은 관심을 불러일으켰어요.

과학을 돕기

보리스는 항해 중에 중요한 해양 데이터들을 수집하여 기후 변화를 과학적으로 더 잘 이해하기 위한 연구를 도와요.

말리지아 팀은 특히
다음 두 목표를 위해 노력하고 있어요.

맹그로브 나무 심기

말리지아 팀은 불가피한 이산화탄소 배출을 상쇄하기 위해 필리핀에 맹그로브 나무를 심고 있어요. 이 나무는 대기에서 많은 이산화탄소를 흡수하여 기후 변화를 억제하는 데 도움을 주지요. 말라지아 팀은 '어머니 지구 재단(Mama Earth Foundation)'과 협력하여 필리핀에 '말리지아 맹그로브 공원'을 만들고, 지금까지 100만 그루의 맹그로브를 심었어요.

17가지 지속 가능 발전 목표

유엔을 비롯한 국제 사회에서는 기후 변화 외에 기아, 빈곤, 교육 등 인류에게 중요한 당면 과제가 뒤로 밀리지 않게끔, 지속 가능 발전을 위한 17가지 목표를 정했어요. '지속 가능한 발전'은 미래 세대가 건강한 지구에서 좋은 삶을 누릴 수 있는 기회를 마련해 주고, 최빈곤층의 생활 수준을 개선하기 위한 것이에요.

무엇을 할 수 있을까요?

집이나 학교에서도 이산화탄소 배출을 줄이기 위해 할 수 있는 일이 많아요. 외출할 때 조명을 끈다든지, 난방을 좀 적게 한다든지, 자동차 대신 자전거로 이동한다든지 하는 일들 말이에요. 또 무엇이 있을까요?

친환경 에너지를 공급받아요.

환기와 난방을 적절히 해요.

숯을 피워 고기를 구워 먹는 일은 가급적 자제해요.

생선과 고기를 지나치게 자주 먹지 않아요.

물건을 살 때 할 수 있는 일

물건을 구입할 때도 기후를 생각해서 좋은 선택을 할 수 있어요. 부모님과 상의하여 기후에 해가 되지 않는 소비를 실천할 수 있을 거예요.

기후를 생각하는 물건 구입 요령

- 물건을 구입하기 전에 그 상품이 정말로 필요한지, 오랫동안 사용할 것인지 충분히 생각해 보세요. 새로 구입하는 대신 지금 가지고 있는 것을 고쳐서 사용할 수는 없을까요? 잠깐 쓸 거라면 빌려서 사용하면 어떨까요?
- 구입하는 물건의 탄소 발자국에 유의하세요. 제품 포장지를 꼼꼼이 읽어 보면 이 제품을 생산하고 운송하는 과정에서 얼마나 많은 이산화탄소가 배출될지를 짐작할 수 있어요. 인터넷을 검색해서 더 자세히 알아볼 수도 있지요.
- 제철 채소와 과일을 구입하고, 가능하면 유기농으로 재배한 것들이 좋아요.
- 가까운 지역에서 재배했거나 제조한 것, 장기간 냉장 보관할 필요가 없는 식품을 구입해요.
- 항상 양보다는 질을 우선해요. 옷을 구입할 때는 더욱 신중하게 고르세요.

생선을 고르기 전에

지금 구입하려는 생선이 남획되고 있는 어종은 아닌지 확인해 보세요. 참치는 가능하면 피해야 해요.
세계 자연 기금(WWF)의 최신 어류 안내서를 보면 우려하지 않고 먹을 수 있는 어종과 구입을 삼가야 하는 어종을 확인할 수 있어요.

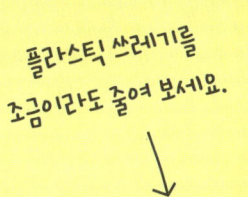

플라스틱 쓰레기를 조금이라도 줄여 보세요.

피하기

플라스틱 제품은 정말로 필요한 것인지, 장기간 사용할 수 있는 것인지 더욱 신중히 생각해요. 비닐 가방 대신에 천 가방을 가지고 다니고, 알루미늄 호일이나 비닐 등 사용한 뒤 곧장 폐기해야 하는 물품은 되도록 쓰지 마세요.

재활용

플라스틱 제품과 포장지는 재활용할 수 있는 것인지를 살펴서 잊지 말고 재활용하세요.

재사용

창의력을 발휘해, 잘 안 쓰는 물건을 더 자주 사용하거나 새롭게 쓸 수 있는 방법을 찾아보세요!

재미있고 기후에도 도움이 되는 멋진 활동들

- 플라스틱 쓰레기로 조각품을 만들어 봐요.
- 친구나 가족과 작게 벼룩시장을 열어 봐요. 더 이상 내가 쓰지 않는 어떤 물건이 다른 사람들에게는 예상치 못한 기쁨을 줄 수도 있어요.
- 헌 옷을 새롭게 디자인해 새 옷으로 탈바꿈시켜 보아요!

기후 위기에 대항하는 비밀 무기

자연 속에는 많은 '초능력'이 숨어 있어요. 특별한 힘을 가진 서식지를 보호하고 가꾸면, 자연의 초능력을 활용해 기후 위기를 극복할 수 있어요.

말리지아 팀은 그동안 꾸준히 맹그로브 나무를 심어 왔답니다!

습지

'이탄지'라고도 불리는 습지는 전 세계의 모든 숲을 합친 것보다 2배나 많은 이산화탄소를 저장하고 있어요. 지표면에서 습지로 덮인 부분은 약 3퍼센트뿐인데도 말이에요. 습지는 진정한 기후 도우미예요. 하지만 현재 대부분의 습지가 물이 고갈된 상태예요. 여러 나라에서 바야흐로 습지의 중요성을 깨닫고 보호하려 노력하고 있답니다.

맹그로브 숲

맹그로브 나무는 이산화탄소 흡수 능력이 아주 뛰어나요. 보통 나무들보다는 70배, 열대 우림의 다른 나무들보다도 5배나 많은 이산화탄소를 흡수해요. 맹그로브 나무들은 대기에 산소를 선사할 뿐 아니라, 바다와 해안에 사는 생물의 중요한 서식지가 되어요. 바닷가에 뿌리를 내려 해일을 막아 주는 천연 방파제 역할을 하며, 해안의 모래톱이 바람이나 파도에 깎여 나가지 않도록 보호해 주기도 하지요. 하지만 지난 50년간 휴양지를 조성하기 위해 굉장히 많은 맹그로브 나무들이 벌목되었어요. 기후 위기를 맞아 파키스탄, 인도, 태국, 마다가스카르, 탄자니아, 필리핀 등에서는 다시 적극적으로 맹그로브 나무를 심고 있어요.

해초 목초지(해초 초원)

해안 근처의 얕은 물속에서 자라는 해초는 기후에 기적을 일으키는 식물이에요. 아름다운 해초 목초지는 해변에서 모래들이 많이 씻겨 내려가는 걸 막아 주고, 이산화탄소도 아주 많이 흡수해요! 해안으로 밀려온 해초는 집을 지을 때 훌륭한 단열재로 쓰이기도 한답니다.
전 세계에 있는 해초 목초지의 면적은 프랑스의 면적과 맞먹어요. 해초 목초지도 인간의 활동과 수온 상승으로 인해 위협을 받고 있어요. 지금이라도 해초를 보호하고 다시 심어야 해요.

거대한 기후 운동가 고래

고래가 기후 위기를 극복하는 데 도움을 줄 수 있다는 걸 알고 있나요? 고래가 많을수록 대기 중의 이산화탄소는 적어지고 산소는 많아져요. 고래는 진정한 기후 환경 운동가예요. 고래들의 '환경 보호 전략'이 어떻게 작동하는지 알아봐요.

고래는 해수면 가까이에서 볼일을 봐요. 고래의 똥오줌이 바다에 떠다니게 되지요.

고래는 몸속에 이산화탄소를 저장할 수 있어요. 우리 인간처럼 대부분 탄소로 구성된 작은 생물들을 먹고 사니까요.

고래는 먹이사슬의 가장 위에 위치해요.

고래는 죽으면 바닥으로 가라앉아요. 탄소를 몸에 저장한 채 가라앉기 때문에 이산화탄소는 한동안 대기에서 사라지게 돼요. 죽은 고래는 천천히 분해되어 깊은 바닷속 생물들의 영양분이 되지요.

멸종 위기

고래는 전 세계의 모든 바다에 살고 있어요. 하지만 지난 세기 동안의 무분별한 고래잡이로 전체 고래의 약 80퍼센트가 사라져 버렸어요. 현재는 고래잡이가 대체로 금지되어 있지만, 해양 오염과 혼획, 항해로 인해 고래는 여전히 멸종 위기에 처해 있어요.

식물성 플랑크톤은 햇빛을 받아 광합성을 해요.

미세 조류인 식물성 플랑크톤이 이런 고래의 배설물을 먹고 엄청나게 번성해요. 고래의 똥오줌이 플랑크톤의 거름으로 작용하는 거예요.

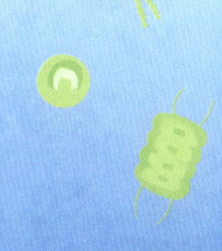

식물성 플랑크톤은 광합성을 통해 물에 녹아 있는 이산화탄소를 에너지와 산소로 바꿔요. 우리 인간의 호흡도 절반은 바다 덕분에 가능해요.

먹이 사슬의 시작

고래들은 크릴새우와 바다 깊은 곳의 물고기를 먹고 살아요.

돈으로 환산하면

이 매혹적인 고래가 기후와 환경 보호에 기여하는 바를 모두 돈으로 환산하면 어마어마한 금액이 나와요. 고래 속에 저장된 탄소의 양, 먹이사슬에서의 역할 등을 합치면, 고래 한 마리당 약 28억의 가치를 지닌답니다!

산호초 구하기

많은 바다 생물들의 서식지인 산호초가 기후 위기로 고통받고 있어요. 산호가 하얗게 변하여 죽어 가고 있는 거예요. 과거에는 산호 백화 현상이 약 25년마다 일어나서, 산호초가 회복될 수 있는 시간이 있었어요. 하지만 오늘날에는 백화 현상이 약 6년마다 일어나고, 심지어 몇몇 지역에서는 매년 발생하고 있어요. 그래서 산호가 더 이상 자력으로는 회복할 수 없는 상태예요. 현재 소중한 산호 서식지를 보호하고 재생을 돕기 위해 많은 노력을 하고 있어요. 물론 가장 중요한 일은 온실가스 배출을 줄이는 것이지요.

조기 경보 시스템을 통하여 위험에 처한 산호초에는 한동안 관광객들의 접근을 막아요. 희귀한 산호종은 아예부터 관광에서 제외가 돼요. 햇빛이 태양을 너무 뜨겁게 달구지 않도록 산호초에게 그늘을 드리우는 방법도 연구되고 있어요.

미세하게 잘라 주기

산호의 일부를 미세하게 도려 내어 그 부분이 빠르게 자라도록 해 주는 방법이 있어요. 이런 방법을 사용하면 산호들이 수족관에서 더 빠르게 자라고 성숙하여 짝짓기를 하고 번식할 수 있어요. 보통 성숙하기까지 10년이 걸리는 종의 산호도 이렇게 하면 불과 몇 년 지나지 않아 자손을 얻을 수 있답니다.

산호 종묘장

산호를 식물처럼 길러 낼 수도 있어요. 산호의 작은 조각들을 모아서 산호 종묘장에 심어 기르는 거예요. 산호들이 잘 자라 성숙하면 손상된 산호초에 옮겨 심지요. 모든 것이 순조롭게 진행되면 옮겨 심은 곳에서 산호들이 새롭게 번성해요. 그래서 빠르게 가지를 칠 뿐 아니라, 열이나 허리케인, 질병으로 인한 파괴를 이겨 낼 수 있는 튼튼하고 다양한 산호종을 번식시킬 수 있어요.

산호는 종에 따라 동물처럼 짝짓기를 하여 알을 바닷속에 퍼뜨리거나, 식물이 새로운 싹을 틔우듯이 자기 몸을 둘로 나누는 방식으로 번식해요.

수정시켜 퍼뜨리기

열과 백화 현상에서 살아남은 산호에서 난자와 정자를 채취한 다음, 해수면 근처의 그물에서 이들을 수정시켜요. 그런 다음 산호충들을 손상된 산호초 지역에 넓게 퍼뜨리는 방법이에요.

열에 강한 조류

더위를 잘 견디는 유전자를 가진 조류들이 있어요. 때로는 이런 특별한 유전자가 우연히 만들어져서, 열악한 환경에도 살아남아 번식해요. 이런 조류를 실험실에서 배양해서 빠르게 번식시킬 수 있어요. 실험실에서 배양한 조류와 공생하는 산호들은 백화 현상이 덜하다고 해요.

살아 있는 표본

언젠가 멸종된 종을 다시 자라게 할 수 있다는 희망을 품고서 멸종 위기에 처한 산호종을 '바이오 뱅크'에 수집해 놓아요. 돈을 보관하는 은행처럼 생물 자원에 대한 자료를 보관해 두는 거예요.

함께 사육하기

따뜻한 수온에서 살아온 산호를 차가운 수온에 익숙한 같은 종의 산호와 더불어 번식시키면, 수온 상승에 비교적 잘 적응하며 이러한 특성을 자손에게 물려줄 수 있는 산호가 탄생해요.

텅 빈 바다?
NO, 아니에요!

여기 나온 건 일부예요.
더 많은 노력을 하고 있어요!

정치와 과학이 손을 맞잡으면 근사한 일을 할 수 있어요. 점점 더 많은 국가가 어떤 어종을 언제 얼마만큼 잡을지(어획 할당량)를 법적으로 규제하고, 보호 구역을 정하고 있어요. 이를 잘 지키면 개체수가 줄어들던 물고기들이 다시 개체수를 회복하여 생물 다양성이 보존될 수 있답니다.

어업 금지 구역

해상에 있는 풍력 발전소 부근에서는 어업 활동이 허용되지 않아서, 많은 어종들이 그곳에서 개체수를 회복했어요.

가이드북

어떤 물고기가 멸종 위기에 있는지를 알려 주는 안내서를 만들어서 생선을 구입할 때 참고하도록 했어요. 전체적으로 생선 소비량을 약간 줄여야 한다는 것도 잊지 말아야겠지요.

새로운 그물

독일에서 개발된 특수 그물은 '비상 출구'를 가지고 있어 원치 않게 잡은 물고기들을 이곳을 통해 다시 바다로 내보내 줄 수 있어요.

인증 표시

수산물에 대한 여러 인증 표시는 이 제품이 환경과 관련된 규칙을 지키며, 안전하게 생산되거나 가공된 식품임을 알려 주어요. 수산물을 더 안심하고 구입할 수 있게 도와주지요.

바다에서 온 음식을 귀하게 여기고 꼼꼼하게 따져 소비하는 것도 바다를 위한 일이에요.

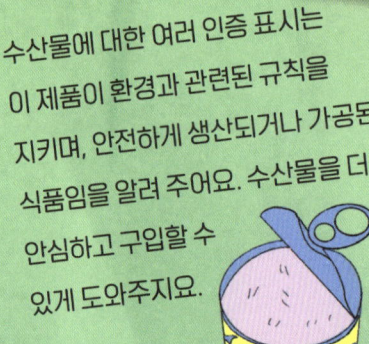

생물 다양성을 보존하기 위하여 전 세계적으로 다양한 시도가 이루어지고 있어요.

남극 조약

이 조약은 남극 대륙이 평화로운 목적으로만 사용되어야 하며, 특히 이곳에서 과학적 연구가 이루어지도록 각국이 협력해야 한다고 명시하고 있어요.

지중해

지중해에 지정된 보호 구역은 해양 동물의 개체수를 회복시키고 있어요.

헬골란트섬

독일 북부에 있는 이 섬에서는 바닷가재를 사육해 바다로 방류하고 있어요.

뉴칼레도니아섬

남태평양 서부, 오스트레일리아 동북쪽에 있는 이 섬에서는 상어잡이를 금지하고 있어요.

발트해

유럽 대륙과 스칸디나비아 반도 사이의 발트해에 만들어진 인공 산호초에서는 여러 종의 바다 생물이 서식하며 개체수를 회복하고 있어요.

생물 다양성을 증진하고 멸종 위기에 있는 생물 종을 보호하기 위한 노력이에요.

물속에 UFO가?

영화에서 외계인을 태우고 우주에서 날아온 UFO를 본 적이 있지요? 과학자들이 진짜 UFO를 만들어 냈어요! 그런데 하늘로 날아가지 않고 바닷속으로 들어간답니다. 여기서 말하는 UFO란 미확인비행물체가 아니라, 수중 물고기 관측소(Underwater Fish Observatory)를 의미하거든요.

물고기 헤아리기

이 UFO를 사용하면 오랜 시간에 걸쳐 물고기의 개체수를 셀 수 있어요. 어떤 종의 물고기가 얼마나 존재하는지 정확히 알아야 그 물고기를 보호할 수 있거든요. 해양 동물의 체중도 파악할 수 있답니다. 이런 정보는 어획 할당량이 지켜지고 있는지 점검하는 데에도 도움을 주어요.

인공 지능

UFO는 인공 지능을 사용해요. '눈(카메라)'과 '귀(센서)'로 어류의 현황을 측정해 육지의 컴퓨터로 데이터를 전송하면, 컴퓨터는 특정 지역에 어떤 종류의 물고기가 얼마나 많이 있는지, 그 물고기들이 얼마나 크고 무거운지를 알아내요. 어디에 청어가 있는지, 고등어가 있는지, 돌고래가 있는지, 그중 몇 마리가 지나가는지를 파악하는 거예요.

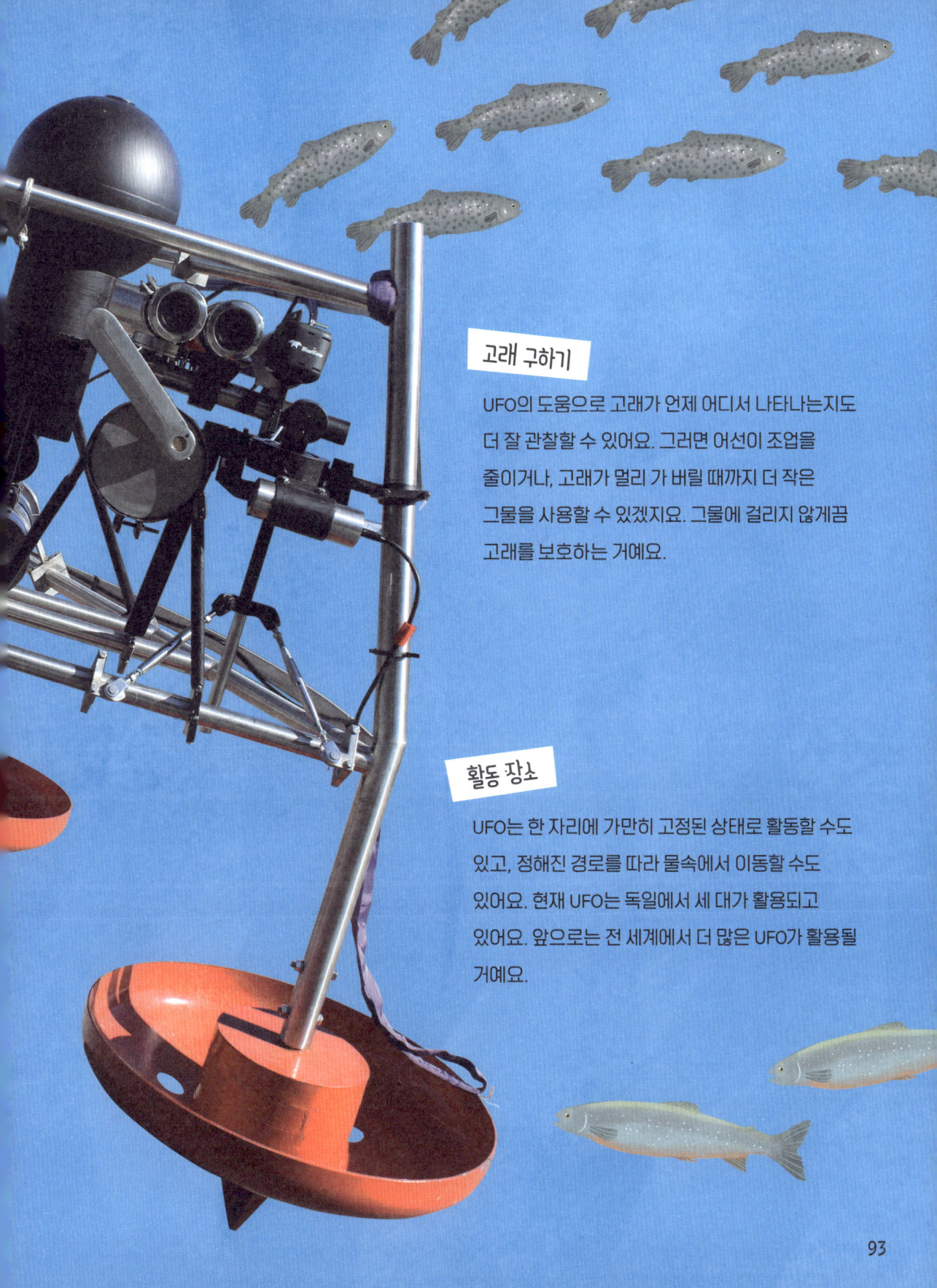

고래 구하기

UFO의 도움으로 고래가 언제 어디서 나타나는지도 더 잘 관찰할 수 있어요. 그러면 어선이 조업을 줄이거나, 고래가 멀리 가 버릴 때까지 더 작은 그물을 사용할 수 있겠지요. 그물에 걸리지 않게끔 고래를 보호하는 거예요.

활동 장소

UFO는 한 자리에 가만히 고정된 상태로 활동할 수도 있고, 정해진 경로를 따라 물속에서 이동할 수도 있어요. 현재 UFO는 독일에서 세 대가 활용되고 있어요. 앞으로는 전 세계에서 더 많은 UFO가 활용될 거예요.

에너지도 바뀌어요!

새로운 발명과 기술의 힘을 빌어 우리는 점점 더 많은 영역에서 이산화탄소 배출을 줄여 가고 있어요. 농업, 건설, 관광, 교통 등 많은 부문에서 이산화탄소 배출을 줄이기 위한 다양한 시도를 하고 있답니다. 전기를 생산할 때에도 화석 연료를 연소하는 대신에 태양, 바람, 해류, 파도, 지구 내부의 에너지 등을 사용할 수 있어요. 이런 에너지는 늘 존재하거나 계속해서 다시 생겨나요. 그래서 이들을 '재생 에너지'라고 부른답니다.

태양 에너지

태양은 매일 인간이 사용할 수 있는 것보다 몇 배는 더 많은 에너지를 공급해 주어요. 태양광 패널을 이용하면 태양 에너지를 전기로 변환시킬 수 있어요. 이를 위해 건물의 지붕에 태양광 패널을 설치하거나 신호등에 태양광 패널을 부착하기도 하고, 스페인처럼 해가 많이 나는 지역에는 태양광 발전소를 세웠어요. 말리지아호에서도 태양광 패널을 통해 전기를 만들어요.

바람 에너지

사람들은 수천 년 전부터 바람의 힘을 이용해 항해를 해 왔어요. 말리지아호도 풍력을 이용해 세계 일주 항해를 해요. 옛날에는 바람의 힘으로 돌아가는 풍차로 곡식을 찧거나 물을 퍼 올렸어요. 오늘날에는 풍력 발전기로 전기를 만들어 내요. 풍력 발전기를 만들고 설치하는 데에도 에너지가 들지만, 설치한 뒤 3~6개월만 지나면 그 에너지를 만회하고도 남아요. 풍력 발전기는 한번 설치하면 약 20년 정도 쓸 수 있어요.

지열

지열을 이용하려면 800미터 깊이로 구멍을 뚫어야 해요. 땅속 깊이 구멍을 뚫어, 그 안의 뜨거운 물로 전기를 만들고 난방에 활용하지요. 화산이 많은 아이슬란드에서는 거의 모든 전력을 지열을 이용해 생산해요.

탄소 중립 연료

재생 에너지를 이용하면 이산화탄소를 배출하지 않는 친환경 전기를 만들어 낼 수 있어요. 하지만 항해나 비행을 할 때는 에너지가 너무 많이 필요해서 기후에 영향을 주는 연료를 전기로 대체하기가 쉽지 않아요. 대형 화물선이나 비행기에 필요한 에너지를 전기 배터리로 공급하려 한다면 배터리가 엄청 크고 무거워야 할 거예요.

공기에서 이산화탄소를 얻어요.

수소와 공기 중의 이산화탄소로 연료를 만들어요.

Power to X

비행기와 배들이 장거리를 이동할 때 이산화탄소 배출을 최소화할 수 있는 영리한 방법이 개발되었어요. 바로 재생 에너지를 사용하여 탄소 중립 연료를 만들어 내는 'Power to X(파워 투 엑스)'라는 방법이에요. 바람, 파도, 태양 등을 활용한 재생 에너지를 통하여 얻은 전기로 수소를 만들고, 여기에 공기 중의 이산화탄소를 투입하여 연료를 만드는 거예요. 그리고 이 연료로 비행기와 배에 동력을 공급한답니다.

물

재생 에너지와 물에서 전기를 얻어 수소를 만들어요.

해양 친환경 에너지

바다는 밀물과 썰물, 열, 해류 등을 통해 많은 에너지를 제공할 수 있어요. 가령 스코틀랜드 해안의 발전소는 파도 에너지(파력)를 이용해 전기를 만들어 내요. 이 발전소의 이름은 그리스 신화에 나오는 거대한 바다뱀의 이름을 딴 펠라미스예요. 뱀 모양의 관으로 된 발전소가 파도의 운동을 전기로 바꾸어 주고, 이 전기는 해저 케이블을 통해 육지로 전달돼요.

바람의 힘으로

우리가 날마다 사용하는 물건 중에는 먼 곳에서 운송되어 온 것들이 많아요. 여러분이 사용하는 신발이나 옷도 일부는 아주 먼 곳에서 생산되어 화물선에 실려 우리에게 왔답니다.

화물선을 움직이는 힘

예전에는 바람의 힘으로 가는 범선이 화물도 실어 날랐어요. 그러다가 증기선이 등장했어요. 처음 나온 증기선은 돛과 기관이 함께 있어, 바람의 힘, 증기 기관의 힘 둘 다를 이용했어요. 하지만 1930년경부터 범선은 거의 사라지고, 석탄을 연소하는 증기선만 남았어요. 오늘날 거의 모든 선박이 중유를 연료로 사용해요. 중유는 값싼 연료로 널리 사용되지만, 연소시킬 때 이산화탄소가 많이 발생해요. 그래서 2020년부터 좀 더 양질의 중유를 사용하기 위한 노력이 이루어지고 있어요. 양질의 중유도 이산화탄소를 줄이지는 못하지만, 그래도 대기를 오염시키는 다른 유해 물질은 많이 줄어들지요.

바람의 힘을 활용하기

이산화탄소를 배출시키지 않고 배가 움직일 수는 없을까요? 이산화탄소 배출을 감소시키기 위해 바람과 모터의 힘을 교대로 활용하는 선박들이 개발되고 있어요. 바람이 많이 부는 곳에서는 돛을 달고 바람의 힘으로 가면서 모터의 힘을 절약하고, 바람이 적게 부는 곳에서는 모터가 돌아가지요. 이처럼 화물선 운항에 풍력을 이용하면 이산화탄소 배출을 많이 줄일 수 있어요. 여기에 추가로 환경 친화적인 Power to X를 사용하면 이산화탄소 배출을 더 감소시킬 수 있을 거예요. Power to X는 화석 연료가 아닌 재생 에너지로 녹색 수소를 생산하는 방법이라서 환경에 해를 끼치지 않아요.

화물선

전 세계적으로 약 4만 5천 척에 달하는 화물선이 바다를 오가고 있어요. 대형 화물선은 연료를 많이 연소하기 때문에 이산화탄소도 많이 배출해요. 전 세계 이산화탄소 배출량의 약 3퍼센트가 화물선에서 나온답니다. 그럼에도 기차나 소형 선박 또는 비행기로 화물을 운송하는 것보다는 이산화탄소 배출이 덜해요.

기업들은 선택할 수 있어요. 가능하면 이산화탄소 배출량이 적은 배를 골라 물품을 운송할 수 있지요.

기후 및 환경 보호에 도움이 되는 직업들

직업을 통해 기후와 지구 환경 보호에 기여할 수 있는 방법은 아주아주 많아요. 나중에 커서 어떤 일을 하고 싶은가요? 수학이나 생물을 좋아한다면, 엔지니어가 되어 재생 가능 에너지를 더 잘 활용하는 방법을 개발해 보면 어떨까요? 해양 생물학자가 되어 신비로운 심해의 생물들을 연구하고 보호할 수도 있지요. 자신의 관심과 강점을 잘 살려 보세요. 직업을 통해 지구를 위해 좋은 일을 할 수 있는 방법은 매우 다양하답니다.

정의로운 세상을 위해

환경 전문 변호사는 환경 보호를 위해 노력하고, 기후 변화와 관련된 불평등을 완화하여 더 정의로운 세상을 실현하는 데 기여할 수 있어요.

기사를 써서 알리기

학술 전문 기자는 기후와 관련한 연구 결과를 기사로 쓸 수 있어요. 사람들에게 현재의 기후 상황을 알리고, 지구 온난화를 막기 위한 여러 활동에 협력을 촉구할 수 있지요.

환경 전문가가 되어

사람들이 이산화탄소를 덜 배출하는 탄소 중립적인 방식으로 질 높은 삶을 살아갈 수 있게끔 도울 수 있어요.

올바른 결정 내리기

경영자, 은행가, 개발자, 디자이너 등 기후 보호에 영향을 미칠 수 있는 직업은 너무나 많아요. 자신의 일을 하면서 기후를 위해 좋은 선택을 할 수 있어요.

바다의 비밀을 발견하기

현재 바다의 상황을 잘 알아야 보호도 할 수 있을 거예요. 해양 생물학자는 그간 우리가 몰랐던 바닷속에 숨겨져 있는 비밀을 발견할 수 있답니다.

지속 가능 발전 전문가

'지속 가능 발전 목표를 어떻게 이행할 수 있을까? 우리의 세계가 앞으로 어떤 모습이 되어야 할까?' 지속 가능성을 연구하는 사람들은 그에 대한 답을 찾아 나가요.

새로운 해결책을 찾아내기
환경 전문 엔지니어가 되어 지속 가능 경제와 폐기물 관리 및 환경 보호에 대한 새로운 기술을 개발할 수 있지요.

건축가와 기후
내일의 집은 어떤 모습일까요? 어떤 건축 자재를 사용할까요? 건축가가 되어 건물을 지을 때 콘크리트를 덜 사용하면 이산화탄소 발생을 많이 줄일 수 있어요.

요리를 할 때도
요리사가 된다면 기후에 해가 되지 않게 먼 곳에서 운송되어 온 식재료보다 가까운 지역에서 친환경적으로 생산된 식재료를 선택할 수 있어요. 고기와 생선의 비중을 좀 줄인 맛있는 요리를 선보일 수 있고요.

자연과 함께
산림 공무원이나 조경가는 늘 자연과 밀접한 관계 속에서 일해요. 자연의 균형을 깨뜨리지 않고 생물 다양성을 보존하기 위해 무엇을 할 수 있을지 아이디어를 내요.

함께하면 더욱 강해져요!

지구의 4분의 3은 바다로 덮여 있어요. 그런데 우리는 왜 지구를 '지구' 즉, 공 모양의 '땅'이라고 부를까요? 바다가 훨씬 더 많은 비율을 차지하는데도요?

우리의 땅과 바다는 서로 다 연결되어 있어요. 모든 식물, 동물, 인간도 마찬가지예요. 모두가 서로 통하지요. 우리는 하나로 연결된 아주 정교한 시스템 안에서 살고 있어요. 우리는 대부분 땅에서 살아가지만, 우리가 호흡하는 산소의 절반은 바다에서 온 거예요. 미래의 기후를 예측하고, 인간이 기후에 미치는 영향을 이해하기 위해 해양 데이터를 수집하는 것은 무척 중요한 일이랍니다.

> 우리는 바다에 대해 이미 아주 많은 것을 알고 있어요. 하지만……

바다는 빠르게 진행되는 지구 온난화에서 굉장히 중요한 역할을 담당해요. 바다가 우리의 기후를 조절한다고도 말할 수 있어요.

하지만 대부분의 바다는 아직 잘 연구되지 않은 상태예요. 저 심해에 어떤 새로운 바다 동물 혹은 식물이 살고 있을까요? 그들은 우리 인간에게 어떤 영향을 미칠까요?

아직 발견할 것도 많고 알아볼 것도 많아요!

바다를 보호합시다. 그게 바로 우리 자신을 보호하는 길이에요. 아직 희망이 있어요. 기후 위기를 극복할 해결책을 찾을 수 있을 거예요. 오늘 당장 시작해 봐요!

말리지아 팀과 함께하는
여러분의 보리스

저자 소개

글
비르테 로렌젠-헤르만

글
보리스 헤르만

1981년 독일 올덴부르크에서 태어난 보리스 헤르만은 현재 독일에서 가장 유명한 요트 선수입니다. 2020년 말에 방데 글로브(Vendée Globe) 요트 대회에 참가했습니다. 방데 글로브는 혼자서 요트를 타고 논스톱으로 세계 일주를 하는 대회로 4년에 한 번 열립니다. 2019년 8월에는 유엔 기후 정상 회의에 참여하고자 하는 환경 운동가 그레타 툰베리를 자신의 요트 말리지아호로 뉴욕까지 데려다주어 세상의 주목을 받았습니다. 지구 온난화를 막기 위해 맹그로브 숲을 보호하고 조성하는 재단과 협력하고 있기도 합니다.

독일 킬에서 태어난 비르테 로렌젠-헤르만은 요트를 타고 서핑을 하면서 바다와 늘 친하게 지내 왔습니다. 수학과 예술을 전공한 뒤, 함부르크에서 10년 넘게 교사로 일하다가 말리지아 팀에 합류했습니다.

비르테와 보리스는 막스 플랑크 기상학 연구소 및 게오마르 헬름홀츠 해양 연구소의 과학자들과 함께, 항해와 과학을 연계한 '마이 오션 챌린지(My Ocean Challenge)'라는 교육 프로그램을 시작했습니다. 이를 통하여 8~14세 어린이를 대상으로, 해양과 기후 변화에 대하여 알리고 있습니다.

현재 두 사람은 딸과 함께 독일 함부르크에 살고 있습니다.

그림
라라 파울루센

라라 파울루센은 잡지, 어린이책, 애니메이션, 브랜드 디자인
글에서 경쾌하고 섬세한 일러스트를 그리고 있습니다.
그림을 그리지 않는 시간에는 일몰을 보거나 라이브 음악을
듣고, 산책을 하거나 식물원에 가기를 좋아합니다. 독일
뒤셀도르프에 살고 있습니다.

그래픽 디자인
슈테파니 로데러

슈테파니 로데러는 독일 뮌헨에서 태어나 오스트리아에서
뉴 미디어와 디자인을 공부한 뒤, 자신의 디자인
스튜디오를 열었습니다. 자연을 좋아하고 걷기 여행을
즐기며 많은 시간을 산에서 보냅니다. 자연 속을 거닐
때 좋은 아이디어를 얻을 수 있어서입니다. 산에 있지
않을 때는 뮌헨의 디자인 스튜디오에서 빛과 형태로
아이디어를 표현하는 작업을 하고 있습니다.

감사의 말

이 책이 탄생할 수 있게 학문적인 조언을 아끼지 않은 모든 분께 감사드립니다.

- 랄프 브라우너(야데 대학교, 해양교통물류학 교수)
- 마르틴 크람프(세계 기상 기구, 선박 기술 코디네이터)
- 토스테 탄후아(게오마르 헬름홀츠 해양 연구소, 해양생지화학 박사)
- 페터 란트쉬처(막스 플랑크 기상 연구소 팀장)
- 요아힘 그뢰거(게오마르 헬름홀츠 해양 연구소 과학 이사, 해양진화생태 및 수산생물학 교수, 생체 인식 및 UFO 개발 전문가)
- 필립 슈베르트(게오마르 헬름홀츠 해양 연구소, 생물학 연구원)

우리의 질문에 이해하기 쉽게 답변하려고 애써 주셔서 깊은 감사를 드립니다.
모든 제안과 지적, 또 영감을 주는 긴 대화에도 감사드립니다.
많이 배우고, 흥미로운 주제에 푹 빠질 수 있었습니다.
법적 자문을 해 준 틸만 빈털링에게도 진심 어린 감사를 표합니다.

MY OCEAN CHALLENGE. Kurs auf Klimaschutz
by Birte Lorenzen-Herrmann & Boris Herrmann with illustrations by Lara Paulussen
© 2022 cbj Verlag, a division of Penguin Random House Verlagsgruppe GmbH, München
Korean Translation © 2024 by It's Book Publishing Co.
All rights reserved.
The Korean language edition published by arrangement with
Penguin Random House Verlagsgruppe GmbH through MOMO Agency, Seoul.

이 책의 한국어판 저작권은 모모 에이전시를 통해 Verlagshaus Jacoby & Stuart GmbH 사와의 독점 계약으로 잇츠북에 있습니다.
저작권법에 의해 한국 내에서 보호를 받는 저작물이므로 무단 전재와 무단 복제를 금합니다.

더 나은 미래로 향하는 길
잇츠북 출판사의 과학 Pick! 시리즈

① **이상한 기후, 그래서 우리는?**
크리스티나 헬트만 지음 | 유영미 옮김 | 108쪽 | 13000원

② **그래, 네가 바로 우주야**
요한 올센 글 | 신슬기 그림 | 유영미 옮김 | 140쪽 | 13800원

③ **날씨를 읽는 시간**
제시카 스톨러-콘라드 글 | 이장미 그림 | 이현경 옮김 | 188쪽 | 14800원

④ **미래로 나아가는 공학 수업**
클로이 테일러 글 | 김주희 그림 | 고호관 옮김 | 156쪽 | 14800원

⑤ **수다쟁이 화학, 입을 열다**
앤 루니 글 | 이경석 그림 | 조연진 옮김 | 192쪽 | 15800원